*Quadrado preto sobre fundo branco*, de Kazimir Malevich, 1915.

Slavoj Žižek

# o absoluto frágil
ou Por que vale a pena lutar pelo legado cristão?

Tradução: Rogério Bettoni

Copyright © Slavoj Žižek, 2000
Copyright desta tradução © Boitempo Editorial, 2015
Traduzido do original em inglês *The Fragile Absolute Or, Why Is the Christian Legacy Worth Fighting For?* (Verso, 2000, 2008)

| | |
|---:|:---|
| *Direção editorial* | Ivana Jinkings |
| *Edição* | Bibiana Leme |
| *Coordenação de produção* | Livia Campos |
| *Assistência editorial* | Thaisa Burani |
| *Tradução* | Rogério Bettoni |
| *Preparação* | Mariana Echalar |
| *Revisão* | Thais Rimkus |
| *Capa* | Ronaldo Alves |
| *Diagramação* | Antonio Kehl |
| *Paginação do índice onomástico* | Helena Steiner |

*Equipe de apoio*: Allan Jones / Ana Yumi Kajiki / Artur Renzo / Elaine Ramos / Giselle Porto / Isabella Marcatti / Ivam Oliveira / Kim Doria / Leonardo Fabri / Marlene Baptista / Maurício Barbosa / Renato Soares / Thaís Barros / Tulio Candiotto

---

CIP-BRASIL. CATALOGAÇÃO NA PUBLICAÇÃO
SINDICATO NACIONAL DOS EDITORES DE LIVROS, RJ

---

Z72a

Žižek, Slavoj, 1949-
  O absoluto frágil, ou Por que vale a pena lutar pelo legado cristão? / Slavoj Žižek ; tradução Rogério Bettoni. - 1. ed. - São Paulo : Boitempo, 2015.

  Tradução de: The fragile absolute: or, why is the christian legacy worth fighting for?
  Índice onomástico
  ISBN 978-85-7559-461-2

  1. Filosofia Marxista. 2. Cristianismo. I. Bettoni, Rogério. I. Título.

15-26683                                     CDD: 335.4
                                             CDU: 330.85

---

É vedada a reprodução de qualquer
parte deste livro sem a expressa autorização da editora.

Este livro atende às normas do acordo ortográfico em vigor desde janeiro de 2009.

1ª edição: outubro de 2015

**BOITEMPO EDITORIAL**
Jinkings Editores Associados Ltda.
Rua Pereira Leite, 373
05442-000 São Paulo SP
Tel./fax: (11) 3875-7250 / 3875-7285
editor@boitempoeditorial.com.br | www.boitempoeditorial.com.br
www.blogdaboitempo.com.br | www.facebook.com/boitempo
www.twitter.com/editoraboitempo | www.youtube.com/imprensaboitempo

# Sumário

Prefácio à edição brasileira ..................................................................................7

Prefácio à segunda edição – Uma olhadela nos arquivos do islã...............11

Introdução – Para nada e para ninguém....................................................27

1. Entregando a alma aos Bálcãs ................................................................29

2. O espectro do capital ...............................................................................35

3. Coca-Cola como *objet petit a* ...................................................................43

4. Do *tragique* ao *moque-comique* ................................................................57

5. Vítimas, vítimas por toda parte................................................................67

6. O Real fantasmático .................................................................................73

7. Por que a verdade é monstruosa? ...........................................................79

8. Sobre pedras, lagartos e homens.............................................................89

9. A Estrutura e seu Acontecimento ...........................................................97

10. Do Decálogo aos direitos humanos....................................................109

11. O princípio da caridade.......................................................................115

12. O desacoplamento de Cristo ...............................................................123

13. "Você deve, porque pode!" ..................................................................129

14. Do conhecimento à verdade... e de volta..........................................133

15. A ruptura ..............................................................................................139

Posfácio à edição brasileira – Por uma teoria crítica da alteridade ................151
*Paulo Gajanigo*

Índice onomástico....................................................................................157

# Prefácio à edição brasileira

O primeiro paradoxo da crítica materialista da religião é este: às vezes é muito mais subversivo destruir a religião a partir de dentro, aceitando sua premissa básica para depois revelar suas consequências inesperadas, do que negar por completo a existência de Deus. Há uma história popular, da Nova Era, sobre um ateu fanático que, depois de morrer em um acidente de trânsito, acorda no pós-morte e descobre que, basicamente, a visão de mundo espiritualista estava correta: existe Deus ou alguma força superior (que é indiferente ao infortúnio das almas), e nossa alma sobrevive à morte terrena e habita um tipo estranho de limbo, onde pode se comunicar com outras almas e de onde pode observar a vida na Terra etc. O ateu fica muito insatisfeito com o resultado, sente-se profundamente ferido em seu narcisismo – afinal, sua visão ateísta era tão perfeita e convincente; como ele pôde ter errado tanto? Aos poucos, no entanto, passado o choque inicial, ele começa a observar com cuidado aquela nova realidade e adapta seu materialismo às novas condições: em linhas gerais ele estava certo, sua existência depois da morte também tinha uma materialidade própria, ele consegue sentir e tocar os objetos etc., só que essa materialidade é composta de partículas subatômicas totalmente diferentes. Até que ele se depara com uma surpresa de fato desagradável: nessa nova realidade, os seres conscientes não têm órgãos sexuais nem orientação sexual, há amizade e compaixão, mas não há sexualidade nem amor sexual, tampouco ética e moral, exceto a postura utilitarista mais básica de não ferir demais os outros. Desesperado, ele se mata, mas acorda de novo dentro da mesma realidade entediante – então, o que fazer? Ao conversar com outras almas, ele descobre que quase todas estão presas no mesmo desespero e que entre elas começa a surgir uma espécie de religião baseada em rumores obscuros de que, se você se matar de maneira bem específica, você não acorda de novo, mas há dois resultados possíveis segundo duas escolas de pensamento das almas não mortas. De acordo com uma escola, você morre de fato e para sempre, desfazendo-se no nada; de acordo com a outra, é apenas depois dessa segunda morte que você alcança a bênção e a eternidade.

Essa história é perfeitamente compatível com o procedimento materialista da autodestruição imanente de um edifício religioso – a ideia de que Deus é mau ou estúpido pode ser muito mais desconcertante do que a ideia de que Ele não existe, uma vez que a primeira destrói a própria noção de divindade. Tomemos outro exemplo, o filme *O juízo final* (*The Rapture*, 1991, escrito e dirigido por Michael Tolkin, que também escreveu o roteiro de *O jogador – The Player* –, de Robert Altman), em que Mimi Rogers interpreta maravilhosamente bem Sharon, uma jovem de Los Angeles que trabalha durante o dia como teleoperadora, repetindo sem parar as mesmas perguntas sentada em um cubículo ao lado de dezenas de outras pessoas, e durante a noite se envolve em orgias sexuais. (Pode-se dizer que, no fundo, o filme é "sobre o rosto de Mimi Rogers. Suas transformações, sua dor desnuda, sua abertura destemida"[1].) Entediada e insatisfeita com uma vida tão vazia, Sharon torna-se membro de um culto que prega a iminência do fim dos tempos e do Arrebatamento; ela se torna uma fiel fervorosa e começa a praticar um estilo de vida mais devoto, casa-se com Randy, um de seus antigos parceiros em orgias de *swing*, e os dois têm uma filha, Mary. Seis anos depois, quando Randy, agora também cristão devoto, é assassinado por um louco, essa catástrofe deixa Sharon e a filha ainda mais convencidas de que o Arrebatamento está por vir. Sharon crê que Deus lhe diz para ir com Mary a um acampamento deserto próximo e esperar até que ambas sejam levadas ao Céu, onde se encontrarão com Randy. Foster, policial bem-intencionado e descrente, cuida das duas quando ficam sem comida durante sua longa espera. Mary se impacienta e propõe que as duas se matem para ir logo ao Céu encontrar-se com Randy. Depois de algumas semanas, Sharon também perde a paciência e decide fazer o indizível, seguindo o conselho de Mary para acabar com o sofrimento; no entanto, depois de atirar na filha, ela é incapaz de tirar a própria vida, pois sabe que suicidas não têm lugar no Céu. Ela, então, confessa o crime para Foster, que a prende e a leva para a cadeia local.

Até esse momento, a história segue uma linha "realista", e pode-se facilmente imaginar um possível final "ateu": amargurada e sozinha, destituída de sua fé, Sharon entende o horror que cometeu e é salva pelo bom policial... Aqui, no entanto, ocorre uma virada totalmente inesperada nos eventos: dentro da prisão, o Arrebatamento acontece com toda simplicidade, incluindo efeitos especiais ruins. Primeiro, na calada da noite, Mary aparece com dois anjos e, depois, ao amanhecer, enquanto Sharon está sentada na cela, ouve-se por todos os cantos o forte toque de uma trombeta anunciando uma série de eventos sobrenaturais – as barras

---

[1] Sheila O'Malley, "Underrated Movies #16: The Rapture (1991); Dir. Michael Tolkin". Disponível em: <http://www.sheilaomalley.com/?p=7958>. Acesso em: set. 2015.

de ferro da prisão caem etc. Sharon e Foster fogem e seguem de carro até o deserto, onde os sinais do Arrebatamento se multiplicam – de tempestades de areia a cavaleiros do Apocalipse correndo atrás do carro e cercando-o depois. A mensagem de Deus é mais ou menos esta: "Vejam bem, meu caro e minha cara, vocês leram a Bíblia e ainda acham que eu não estava falando sério? Eu AVISEI que seria assim, então não reclamem agora. Vocês SABIAM onde estavam se metendo. Está na hora de pagar"[2]. Desse modo, trata-se do exato oposto da ideia comum de que não deveríamos interpretar de maneira tão literal as declarações divinas, de que deveríamos perceber nelas seu significado metafórico mais profundo. As pessoas comuns, em geral, acreditam neste nível: quando questionadas se de fato creem que há 2 mil anos o filho de Deus caminhava pela Palestina, elas dizem que, embora isso talvez não seja uma verdade literal, certamente existe um poder supremo que cuida ternamente de nós. A lição de *O juízo final* é que essa própria verdade metafórica, a busca por algum sentido mais profundo, é uma armadilha.

Em seguida, Sharon e Foster são "arrebatados", transportados para um cenário parecido com um purgatório, onde Mary chega do Céu e implora para que Sharon aceite Deus e declare que O ama – fazendo isso, ela seria capaz de juntar-se a Mary e Randy no Paraíso. Foster, embora ateu até o momento, rapidamente aproveita a oportunidade, diz que ama Deus e tem sua entrada garantida no Paraíso, mas Sharon se recusa, dizendo que não pode declarar amor por um Deus que, sem nenhum motivo, foi tão cruel com sua família. Quando Mary pergunta se ela sabe por quanto tempo permanecerá presa no purgatório, condenada a ficar sozinha, Sharon responde: "Para sempre". Em suma, Sharon entende que "passou a vida satisfazendo alguém que só está brincando com seus sentimentos; seria mais fácil menosprezar isso se descobríssemos que Deus não existe"[3], ou seja, que Sharon estava apenas presa no delírio de sua imaginação. Mas ela insiste em renunciar a um Deus que é real e que não passa de

> um narcisista, que nos dá vida com o propósito exclusivo de exigir em retorno o amor incondicional, não importa quanto suas demandas tenham prejudicado a vida dos seres humanos. O filme propõe a teoria de que Deus não merece nosso amor mesmo que Ele exista, que Ele não é, de modo nenhum, menos falível à mesquinhez e ao abuso de poder do que os seres humanos que criou. Como muitos seres humanos, Deus vive de acordo com um conjunto de leis e regras que aplica arbitrariamente, segundo sua própria conveniência moral. Tolkin deixa isso claro ao mostrar o policial descrente sendo imediatamente aceito no Céu depois de declarar seu amor por Deus numa tentativa desesperada de ser salvo. Para salvar a própria pele, ele está apenas dizendo o que Deus quer ouvir.[4]

---

[2] Idem.
[3] Idem.
[4] Idem.

Deus obviamente não se importa se de fato falamos sério quando declaramos nosso amor por Ele – como mostra o caso de Foster, basta dizermos que O amamos. (Examinando detalhadamente a questão, percebemos que as coisas são mais ambíguas: talvez Foster mereça ser levado para o Paraíso mais do que Sharon, pois ele demonstrou amor e cuidado para com o próximo.) Esse Deus indiferente e narcisista faz parte da tradição cristã: para Nicolas Malebranche, da mesma maneira que o virtuoso usa o sofrimento dos outros para promover sua própria satisfação narcisista de ajudar os aflitos, Deus, em última instância, *ama apenas a si próprio* e simplesmente usa o homem para promulgar a própria glória. Malebranche chega aqui a uma conclusão digna da reversão lacaniana de Dostoiévski ("se Deus não existe, então nada é permitido"\*): não é verdade que, se Cristo não tivesse vindo à Terra para libertar a humanidade, todos teriam sido perdidos – muito pelo contrário, *ninguém* teria sido perdido, isto é, *todo* ser humano teve de cair para que Cristo viesse e salvasse *alguns* deles. A conclusão de Malebranche, nesse sentido, é propriamente perversa: como a morte de Cristo é um passo fundamental para realizar o objetivo da criação, em nenhum momento Deus (o Pai) esteve mais feliz do que quando observou o sofrimento e a morte de Seu filho na cruz.

Desse modo, a resistência de Sharon a Deus, sua recusa a declarar seu amor por ele, é um ato ético autêntico. Seria errado dizer que ela rejeita o *falso* Deus e que, numa versão autenticamente cristã do filme, o verdadeiro Cristo deveria aparecer no final e declará-la uma verdadeira fiel justamente porque ela se recusou a dizer que amava o falso Deus. (Dentro dos moldes do Novo Testamento, em que Cristo explica que, sempre que houver amor entre seus seguidores, ele estará lá – Deus não deveria ser amado, Ele *é* o amor.) A verdadeira tentação a ser evitada, portanto, é declarar nosso amor por um Deus que não o merece, *ainda que Ele seja real*. Para o materialista comum, tudo isso não deixa de parecer um pseudotópico, um experimento mental vazio; no entanto, para o verdadeiro materialista, é só dessa maneira que renunciamos de fato a Deus – ou seja, renunciando a Ele não só no caso de Ele não existir realmente, mas também mesmo que Ele seja real. Em suma, a verdadeira fórmula do ateísmo não é "Deus não existe", mas "Deus não só não existe, como também é estúpido, indiferente e talvez totalmente mau" – se não destruirmos a própria ficção de Deus a partir de seu interior, fica fácil para essa ficção aumentar seu domínio sobre nós na forma de uma renegação ("Eu sei que não existe Deus, mas Ele, não obstante, é uma ilusão nobre e edificante").

---

\* Jacques Lacan, "Do mito à estrutura", em *O seminário*, livro 17: *O avesso da psicanálise* (trad. Ari Roitman, Rio de Janeiro, Jorge Zahar, 1992), p. 113. (N. T.)

# Prefácio à segunda edição
# Uma olhadela nos arquivos do islã

O fio condutor de *O absoluto frágil* é a incompatibilidade radical entre o cristianismo e a chamada espiritualidade oriental. Sendo assim, a questão óbvia de que trata este livro é: qual é a posição do islã, esse excesso perturbador que representa o Oriente para o Ocidente e o Ocidente para o Oriente, em relação a isso?

Em *La psychanalyse à l'épreuve de l'islam*, Fethi Benslama empreende uma busca sistemática do "arquivo" do islã, de seu suporte obsceno, secreto, mítico, que *ne cesse pas de ne pas s'écrire* [não para de não se escrever] e que, como tal, sustenta o dogma explícito[1]. A história de Agar, por exemplo, não seria um "arquivo" do islã, relativo ao ensinamento explícito do islã, da mesma maneira que a tradição judaica secreta de Moisés está relacionada aos ensinamentos explícitos do judaísmo? Em sua discussão sobre a figura freudiana de Moisés, Eric Santner apresenta a distinção-chave entre história simbólica (o conjunto de narrativas míticas explícitas e prescrições ético-ideológicas que constitui a tradição de uma comunidade – o que Hegel chamou de "substância ética") e seu Outro obsceno, a história secreta irreconhecível, "espectral", fantasmática, que sustenta efetivamente a tradição simbólica explícita, mas que, para ser operante, tem de permanecer forcluída[2]. O que Freud tenta reconstruir em *Moisés e o monoteísmo* (a história do assassinato de Moisés etc.) é justamente essa história espectral que assombra o espaço da tradição religiosa judaica. Tornamo-nos membros completos de uma comunidade não só quando nos identificamos com sua tradição simbólica explícita, mas também quando assumimos a dimensão espectral que sustenta essa tradição, os fantasmas que assombram os vivos, a história secreta das fantasias traumáticas transmitidas

---

[1] Fethi Benslama, *La psychanalyse à l'épreuve de l'islam* (Paris, Aubier, 2002).
[2] Ver Eric Santner, "Traumatic Revelations: Freud's Moses and the Origins of Anti-Semitism", em Renata Salecl (org.), *Sexuation* (Durham, Duke University Press, 2000).

nas "entrelinhas", por meio das lacunas e distorções da tradição simbólica explícita. O apego obstinado do judaísmo ao gesto fundador violento não reconhecido que assombra a ordem pública legal como seu suplemento espectral permitiu que os judeus sobrevivessem durante milhares de anos sem uma terra ou uma tradição institucional comum: eles se recusaram a abrir mão de seu fantasma, a romper os laços com a tradição secreta, renegada. O paradoxo do judaísmo é que ele mantém a fidelidade ao Acontecimento* fundador violento justamente por *não o* confessar e simbolizá-lo: essa condição "reprimida" do Acontecimento é o que dá ao judaísmo uma vitalidade sem precedentes.

A que Acontecimento reprimido, então, o islã deve sua vitalidade? A solução é dada pela resposta a outra questão: como o islã, a terceira religião do Livro, se encaixa nessa série? O judaísmo é a religião da genealogia, da sucessão de gerações. No cristianismo, quando o Filho morre na cruz, isso significa (como Hegel bem sabia) não só que o Pai também morre, mas que a ordem genealógica patriarcal como tal morre – visto que o Espírito Santo não se encaixa na série familiar, ele introduz uma comunidade pós-paternal/familial. Em contraste com o judaísmo e o cristianismo, o islã exclui Deus do domínio da lógica paternal: Alá não é pai, nem mesmo simbólico – Deus é um, não é nascido nem dá à luz. *No islã, não há lugar para uma Sagrada Família.* É por isso que o islã enfatiza de maneira tão severa o fato de que o próprio Maomé era órfão; é por isso que, no islã, Deus intervém precisamente nos momentos de suspensão, recolhimento, fracasso, "blecaute" da função paternal (quando a mãe ou a criança são abandonadas ou ignoradas pelo pai biológico). Isso significa que Deus continua totalmente no domínio do Real impossível: ele é o Real impossível além do pai, de modo que há um "deserto genealógico entre o homem e Deus"³. Para Freud, esse era o problema do islã, pois toda a sua teoria da religião é baseada no paralelo entre Deus e o pai. Mais importante ainda, ela inscreve a política no próprio cerne do islã, posto que o "deserto genealógico" torna impossível a fundação de uma comunidade nas estruturas da paternidade ou de outros laços sanguíneos: "O deserto entre Deus e o Pai é o lugar em que se institui o político"⁴. Com o islã, não é mais possível fundar uma comunidade à maneira de *Totem e tabu*, pelo assassinato do pai e pela culpa decorrente que une os irmãos – daí a atualidade inesperada do islã. Esse problema reside no próprio cerne da (mal-) afamada *umma*, a "comunidade dos fiéis" muçulmanos; ela explica a sobreposição do religioso ao político (a comunidade deveria fundar-se diretamente na palavra de Deus), bem como o fato de que o islã mostra "sua melhor forma" quando fundamenta a criação de uma comunidade "a partir do nada", no deserto genealógico,

---

\* Sobre a tradução do termo *Event* por "Acontecimento", ver nota da p. 97. (N. T.)
³ Ibidem, p. 320.
⁴ Idem.

como uma fraternidade revolucionária igualitária – não admira que o islã seja bem-sucedido quando homens jovens se veem destituídos da segurança de uma rede familiar tradicional. Talvez seja essa característica de orfandade do islã que explique sua falta de institucionalização inerente:

> A marca distintiva do islã é o fato de ser uma religião que não se institucionaliza, que não se mune, como o cristianismo, de uma Igreja. A Igreja islâmica é, na verdade, o Estado do islã: é o Estado que inventou a chamada autoridade religiosa superior, e é o chefe de Estado que indica o homem que ocupará esse cargo; é o Estado que constrói grandes mesquitas, que supervisiona a educação religiosa; é o Estado também que cria as universidades, exerce a censura em todos os campos da cultura e se considera guardião da moral.[5]

Aqui vemos mais uma vez como se dá a combinação entre o melhor e o pior no islã: é justamente por carecer de um princípio inerente de institucionalização que o islã fica tão vulnerável à cooptação por um poder estatal responsável por esse trabalho de institucionalização. Nisso reside a escolha que o islã enfrenta: a "politização" direta está inscrita em sua própria natureza, e essa sobreposição do religioso ao político pode ser alcançada ou na forma de uma cooptação estatista ou na forma de coletivos *antiestatistas*.

Em contraste com o judaísmo e o islã, em que o sacrifício do filho é evitado no último momento (o Anjo intervém para salvar Isaac), *apenas o cristianismo opta pelo sacrifício efetivo (morte) do filho*[6]. É por isso que o islã, embora reconheça a Bíblia como texto sagrado, tem de negar esse fato – no islã, Jesus não morreu realmente na cruz; os judeus disseram (para se vangloriar): "'Por certo, matamos o Messias, Jesus, filho de Maria, mensageiro de Alá'. Ora, eles não o mataram nem o crucificaram, mas isso lhes foi simulado" (Alcorão 4,157)*. Existe no islã, efetivamente, uma lógica antissacrificial consistente: na versão alcorânica do sacrifício de Isaac, a decisão de Abraão de matar o próprio filho é tida não como a indicação final de sua disposição para cumprir a vontade de Deus, mas sim como consequência da *interpretação equivocada* que Abraão faz de *seu sonho*. Quando o anjo impede o ato, sua mensagem é que Abraão interpretou mal o sonho, que Deus não queria realmente que ele fizesse aquilo[7].

Na medida em que, no islã, Deus é um Real impossível, isso funciona de duas maneiras no que se refere ao sacrifício: pode funcionar contra o sacrifício (não há economia simbólica de troca entre os fiéis e Deus; Deus é o puro Um do Além),

---
[5] Moustapha Safouan, *Why Are the Arabs Not Free: The Politics of Writing* (Boston, Blackwell, 2007).
[6] Fethi Benslama, *La psychanalyse à l'épreuve de l'islam*, cit., p. 268.
* As citações do Alcorão foram extraídas de *Nobre Alcorão* (trad. Helmi Nasr, Medina, Complexo de Impressão do Rei Fahd, 2005). Em alguns casos, a tradução foi ligeiramente modificada para atender aos critérios de padronização editorial. (N. E.)
[7] Fethi Benslama, *La psychanalyse à l'épreuve de l'islam*, cit., p. 275.

mas também a favor dele (quando o Real divino se transforma na figura superegoica de deuses obscuros que exigem sacrifícios contínuos)[8]. O islã parece oscilar entre esses dois extremos, com a lógica sacrifical obscena culminando em uma nova narração da história de Caim e Abel. É assim que o Alcorão relata,

> com a verdade, a história dos dois filhos de Adão, quando fizeram ambos a oferenda a Alá, e foi aceita a de um deles, e não foi aceita a do outro. Disse este: "Certamente, matar-te-ei". Disse aquele: "Alá aceita, apenas, a oferenda dos piedosos. Em verdade, se me estendes a mão, para matar-me, não te estarei estendendo a mão, para matar-te. Por certo, eu temo a Alá, o Senhor dos mundos. Por certo, eu desejo que tu incorras em meu pecado e eu em teu pecado: então, serás dos companheiros do fogo. E essa é a recompensa dos injustos".
> E sua alma induziu-o a matar o irmão; e matou-o, então, tornou-se dos perdedores.
> (Alcorão 5, 27-30)

Portanto, não é só Caim que quer a morte; o próprio Abel participa ativamente desse desejo, incitando Caim a agir, de modo que ele (Abel) possa se livrar de seus próprios pecados. Benslama está correto ao discernir aqui traços de um "ódio ideal", diferente do ódio imaginário da agressividade que o sujeito dirige a seu duplo[9]: a própria vítima deseja ativamente o crime cuja vítima será ela, de modo que, como mártir, ela entrará no Paraíso, enquanto o perpetrador queimará no Inferno. Tendo a perspectiva atual como pressuposto, somos tentados a nos entregar à especulação anacrônica de como a lógica "terrorista" do desejo de morte do mártir já está presente no Alcorão – embora na verdade, é claro, tenhamos de situar o problema no contexto da modernização. Como é bem sabido, o problema do mundo islâmico é que, como ele foi exposto abruptamente à modernização ocidental (sem o tempo adequado para "superar" o trauma do impacto, para construir para si uma tela ou um espaço simbólico-ficcional), as únicas reações possíveis a esse impacto foram uma modernização imitada e superficial, fadada ao fracasso (o regime iraniano de Pahlavi, por exemplo), ou, na ausência de um apropriado espaço simbólico de ficções, um recurso direto ao Real violento, uma guerra cabal entre a Verdade islâmica e a Mentira ocidental, sem nenhum espaço para a mediação simbólica. Nessa solução "fundamentalista" (fenômeno moderno sem ligações diretas com as tradições muçulmanas), a dimensão divina é reafirmada em seu aspecto supereu-Real, como explosão assassina da violência sacrificial necessária para aplacar a divindade do supereu obsceno.

Outra distinção crucial entre o judaísmo (com sua continuação cristã) e o islã diz respeito à postura de Abraão como pai. Enquanto o judaísmo escolhe Abraão como pai simbólico – abarcando a solução fálica da autoridade simbólica paternal,

---

[8] Jacques Lacan, *O seminário,* livro 11: *Os quatro conceitos fundamentais da psicanálise* (Rio de Janeiro, Zahar, 1988), p. 259.
[9] Fethi Benslama, *La psychanalyse à l'épreuve de l'islam*, cit., p. 289.

da linhagem simbólica oficial, rejeitando a segunda mulher e representando uma "apropriação fálica do impossível" –, o islã opta pela linhagem de Agar, por Abraão como pai biológico, mantendo assim a distância entre o pai e Deus, preservando Deus no domínio do impossível[10].

Tanto o judaísmo quanto o islã reprimem seus gestos fundadores – mas como? A história de Abraão e seus dois filhos, nascidos de mulheres diferentes, mostra que, tanto no judaísmo quanto no islã, o pai só pode tornar-se pai, só pode assumir a função paternal, pela mediação de *outra* mulher. A hipótese de Freud é que a repressão envolvida no judaísmo concerne ao fato de Abraão ser estrangeiro (egípcio), não judeu – em outras palavras, a figura paternal fundadora, aquela que proporciona a revelação e estabelece o pacto com Deus, tem de ser de fora. No islã, a repressão concerne a uma mulher (Agar, a escrava egípcia com quem Abraão teve seu primeiro filho). Apesar de Abraão e Ismael (progenitor de todos os árabes, segundo o mito) serem mencionados dezenas de vezes no Alcorão, Agar não é mencionada nunca, ela foi excluída da história oficial. Como tal, no entanto, ela continua a assombrar o islã, seus traços sobrevivem nos rituais, como a obrigação dos peregrinos de Meca de percorrer seis vezes as colinas de Safa e Marwa, numa espécie de repetição/reinterpretação neurótica do momento em que Agar procura desesperadamente água no deserto para seu filho.

Vejamos, no Gênesis, a história dos dois filhos de Abraão, essa importante ligação umbilical entre o judaísmo e o islã. Primeiro, o nascimento de Ismael:

> A mulher de Abraão, Sarai, não lhe dera filho. Mas tinha uma serva egípcia, chamada Agar, e Sarai disse a Abraão: "Vê, eu te peço: Jeová não permitiu que eu desse à luz. Toma, pois, a minha serva. Talvez, por ela, eu venha a ter filhos". E Abraão ouviu a voz de Sarai.
> Assim, depois de dez anos que Abraão residia na terra de Canaã, sua mulher Sarai tomou Agar, a egípcia, sua serva, e deu-a como mulher a seu marido, Abraão. Este possuiu Agar, que ficou grávida. Quando ela se viu grávida, começou a olhar sua senhora com desprezo. Então Sarai disse a Abraão: "Tu és responsável pela injúria que me está sendo feita! Coloquei minha serva entre teus braços e, desde que ela se viu grávida, começou a olhar-me com desprezo. Que Jeová julgue entre mim e ti!".
> Abraão disse a Sarai: "Pois bem, tua serva está em tuas mãos; faze-lhe como melhor te parecer". Sarai a maltratou de tal modo que ela fugiu de sua presença. O Anjo de Jeová a encontrou perto de uma certa fonte no deserto, a fonte que está no caminho de Sur. E ele disse: "Agar, serva de Sarai, de onde vens e para onde vais?". Ela respondeu: "Fujo da presença de minha senhora Sarai".

---

[10] Ibidem, p. 153 e 149. Obviamente, é possível afirmar que, já no Gênesis, existe uma destruição implícita de sua própria ideologia oficial, em que Deus, não obstante, intervém para salvar o filho de Agar, prometendo-lhe um grande futuro – o Gênesis assume (também) o lado da outra mulher que foi reduzida a um instrumento de procriação.

O Anjo de Jeová lhe disse: "Volta para a tua senhora e sê-lhe submissa". O Anjo de Jeová lhe disse: "Eu multiplicarei grandemente a tua descendência, de tal modo que não se poderá contá-la". O Anjo de Jeová lhe disse: "Estás grávida e darás à luz um filho, e tu lhe darás o nome de Ismael, pois Jeová ouviu tua aflição. Ele será um potro de homem, sua mão contra todos, a mão de todos contra ele; ele se estabelecerá diante de todos os seus irmãos".
A Jeová, que lhe falou, Agar deu este nome: "Tu és El-Roí [o Deus que vê]", pois, disse ela, "Vejo eu ainda aqui, depois daquele que me vê?". Foi por isso que se chamou a este poço de poço de Laai-Roí; ele se encontra entre Cades e Barad.
Agar deu à luz um filho a Abraão, e Abraão deu ao filho que lhe dera Agar o nome de Ismael. (Gn 16,1-15)*

Após o milagroso nascimento de Isaac (cuja imaculada conceição parece apontar para Cristo – Deus "visitou Sara" e a engravidou), quando a criança já tinha idade suficiente para desmamar, Abraão preparou um grande banquete:

Sara percebeu que o filho nascido a Abraão da egípcia Agar brincava com seu filho Isaac, e disse a Abraão: "Expulsa esta serva e seu filho, para que o filho desta serva não seja herdeiro com meu filho Isaac".
Esta palavra, acerca de seu filho, desagradou muito a Abraão, mas Deus lhe disse: "Não te lastimes por causa da criança e de tua serva: tudo o que Sara te pedir, concede-o, porque é por Isaac que uma descendência perpetuará o teu nome, mas do filho da serva eu farei também uma grande nação, pois ele é de tua raça". Abraão levantou-se cedo, tomou pão e um odre de água que deu a Agar; colocou-lhe a criança sobre os ombros e depois a mandou embora. Ela saiu andando errante no deserto de Bersabeia. Quando acabou a água do odre, ela colocou a criança debaixo de um arbusto e foi sentar-se defronte, à distância de um tiro de arco. Dizia consigo mesma: "Não quero ver morrer a criança!". Sentou-se defronte e pôs-se a gritar e chorar.
Deus ouviu os gritos da criança e o Anjo de Deus, do céu, chamou Agar, dizendo: "Que tens, Agar? Não temas, pois Deus ouviu os gritos da criança, do lugar onde ele está. Ergue-te! Levanta a criança, segura-a firmemente, porque eu farei dela uma grande nação". Deus abriu os olhos de Agar e ela enxergou um poço. Foi encher o odre e deu de beber ao menino. (Gn 21,10-9)

Em Gálatas, Paulo dá a versão cristã da história de Abraão, Sara e Agar:

Dizei-me, vós que quereis estar debaixo da Lei, não ouvis vós a Lei? Pois está escrito que Abraão teve dois filhos, um da serva e outro da livre. Mas o da serva nasceu segundo a carne; o da livre, em virtude da promessa. Isto foi dito em alegoria. Elas, com efeito, são as duas alianças; uma, a do monte Sinai, gerando para a escravidão: é Agar (porque o Sinai está na Arábia), e ela corresponde à Jerusalém de agora, que de fato é escrava com seus

---

\* As citações bíblicas desta tradução foram extraídas da Bíblia de Jerusalém (São Paulo, Paulus, 1985). Em alguns casos, a tradução foi ligeiramente modificada para atender aos critérios de padronização editorial. (N. E.)

filhos. Mas a Jerusalém do alto é livre e esta é a nossa mãe, segundo está escrito: *Alegra-te, estéril, que não davas à luz, põe-te a gritar de alegria, tu que não conheceste as dores do parto, porque mais numerosos são os filhos da abandonada do que os daquela que tem marido.*
Ora, vós, irmãos, como Isaac, sois filhos da promessa. Mas como, então, o nascido segundo a carne perseguia o nascido segundo o espírito, assim também agora. Mas que diz a Escritura? *Expulsa a serva e o filho dela, pois o filho da serva não herdará com o filho da livre.* Portanto, irmãos, não somos filhos de uma serva, mas da livre. (Gl 4,21-31)

Paulo representa aqui um claro confronto simétrico: Isaac *versus* Ismael é igual ao pai simbólico (Nome-do-Pai) *versus* o pai biológico (racial), "a origem por nome e espírito *versus* a origem por transmissão de substância de vida", a criança da mulher livre *versus* a criança da escrava, a criança do espírito *versus* a criança da carne[11]. Essa leitura, no entanto, tem de desconsiderar a narrativa bíblica em (pelo menos) três questões cruciais:

(1) O cuidado óbvio de Deus para com Agar e Ismael; sua intervenção para salvar a vida de Ismael.

(2) A extraordinária caracterização de Agar não apenas como mulher da carne e da luxúria, escrava sem valor, mas como aquela que *vê* Deus ("Agar deu este nome: 'Tu és El-Roí', pois, disse ela, 'Vejo eu ainda aqui, depois daquele que me vê?'"). Agar, como segunda mulher excluída, fora da genealogia simbólica, representa não só a fertilidade pagã (egípcia) da vida, mas também o acesso direto a Deus: ela vê diretamente o próprio Deus vendo, o que não foi concedido nem mesmo a Moisés, a quem Deus teve de aparecer na forma de sarça ardente. Como tal, Agar anuncia o modo místico/feminino de acesso a Deus (desenvolvido depois no sufismo).

(3) O fato (em si não restrito à narrativa) de que a escolha entre carne e espírito não pode ser enfrentada diretamente como escolha entre duas opções simultâneas. Para que Sara tenha um filho, Agar deve primeiro ter o dela; em outras palavras, existe aqui uma necessidade de sucessão, de repetição, como se para escolher o espírito tivéssemos primeiro de escolher a carne – somente o segundo filho pode ser o verdadeiro filho do espírito. É nisso que consiste a castração simbólica: "castração" significa que o acesso direto à Verdade é impossível – como diz Lacan, *la verité surgit de la méprise* [a verdade surge da equivocação], só se chega ao Espírito pela Carne etc. Recordemos a análise que Hegel faz da frenologia, que fecha o capítulo sobre "A razão observadora" em *Fenomenologia do espírito*. Aqui, Hegel recorre a uma metáfora que concerne precisamente ao falo, órgão da inseminação paternal, para explicar a oposição entre as duas leituras possíveis da proposição "o Espírito é um osso" (a leitura "reducionista" e materialista vulgar – a forma de nosso crânio determina, de maneira efetiva e direta, as características da mente do homem; e a leitura especulativa – o espírito é forte o bastante para afirmar sua identidade com

---

[11] Fethi Benslama, *La psychanalyse à l'épreuve de l'islam*, cit., p. 147.

a inércia da matéria morta e "suprassumi-la", ou seja, a matéria morta, mesmo em seu aspecto mais extremo, não pode escapar do poder de mediação do Espírito). A leitura materialista vulgar é semelhante à abordagem que vê no falo apenas o órgão da micção, enquanto a leitura especulativa é capaz de discernir nele a função muito mais elevada da inseminação ("concepção", precisamente, como antecipação biológica do conceito):

> A *profundeza* que o espírito tira do interior para fora, mas que só leva até sua *consciência representativa* e ali a larga, como também a *ignorância* de tal consciência sobre o que diz são a mesma conexão do sublime e do ínfimo, que no organismo vivo a natureza exprime ingenuamente, na combinação do órgão de sua maior perfeição – o da geração – com o aparelho urinário. O juízo infinito, como infinito, seria a perfeição da vida compreendendo-se a si mesma. Mas a consciência da vida comporta-se como o urinar, ao permanecer na representação.[12]

Uma leitura mais detalhada dessa passagem deixa claro que o argumento de Hegel *não* é que, ao contrário da mente empirista vulgar que só vê o ato de urinar, a própria atitude especulativa tem de escolher a inseminação. O paradoxo é que fazer a escolha direta da inseminação é a maneira infalível de escapar a ela: não é possível escolher diretamente o "significado verdadeiro"; *temos* de começar pela escolha "errada" (da micção) porque o significado especulativo verdadeiro só surge por meio da leitura repetida, como efeito secundário (ou subproduto) da primeira leitura "errada"... Sara só pode ter seu filho depois que Agar tem o dela.

Onde, exatamente, está a castração aqui? Antes de Agar entrar em cena, Sara, a mulher fálico-patriarcal, continua infecunda, infértil, justamente por ser fálica/poderosa demais; desse modo, a oposição não é apenas entre Sara, totalmente submissa à ordem patriarcal-fálica, e Agar, independente e subversiva; ela é inerente à própria Sara em seus dois aspectos (arrogância fálica, serviço materno). A própria Sara é poderosa demais, dominadora demais, e tem de ser humilhada por Agar para ter uma criança e, assim, entrar na ordem genealógica patriarcal. Essa castração é sinalizada pela mudança de nome, de Sarai para Sara. No entanto, apenas Sara é castrada? Não seria Abraão também castrado? Com Agar, ele é capaz de conceber uma criança de maneira direta/biológica, mas fora da própria genealogia da linhagem simbólica; a concepção nesta última só se torna possível pela intervenção de Deus, que "visita Sara". Essa lacuna entre paternidade simbólica e biológica *é* a castração.

A escolha islâmica por Agar, a vidente independente de Deus, em vez da doce esposa Sara, fornece a primeira pista da insuficiência da noção-padrão do islã – a

---

[12] G. W. F. Hegel, *Fenomenologia do espírito* (trad. Paulo Meneses, 8. ed., Petrópolis, Vozes, 2013), §346, p. 245.

de um monoteísmo masculino extremo, do coletivo de irmãos do qual as mulheres são excluídas e têm de ser veladas, pois sua "mostração" como tal é excessiva, tão perturbadora para os homens que os distrai de seu serviço para com Deus. (Recordemos a ridícula proibição talibã de as mulheres usarem saltos de metal – como se, mesmo quando elas estão totalmente cobertas pela roupa, o som dos saltos ainda fosse provocante.) Existe, no entanto, toda uma série de características que perturba essa noção-padrão. Primeiro, a necessidade de manter as mulheres veladas implica um universo *extremamente sexualizado*, em que o próprio encontro com uma mulher é considerado uma provocação a que nenhum homem é capaz de resistir. A repressão tem de ser intensa, porque o sexo em si é extremamente forte. Que tipo de sociedade é essa, em que o som de saltos de metal pode levar os homens a uma explosão de luxúria? Há alguns anos, um jornal relatou a história de dois jovens, uma mulher e um homem, sem nenhuma relação um com o outro e que, por causa de uma falha mecânica, ficaram presos durante algumas horas em um teleférico. Embora nada tenha acontecido, a mulher se matou logo depois: a própria ideia de estar sozinha com um estranho durante esse tempo tornou impensável a ideia de que "nada aconteceu"[13]. Não surpreende que, no decorrer de sua análise do famoso sonho de "Signorelli" em *Sobre a psicopatologia da vida cotidiana*, Freud diga que foi um velho muçulmano da Bósnia-Herzegovina que lhe transmitiu a "sabedoria" de que o sexo é a única coisa que faz a vida valer a pena: quando o homem perde a capacidade de fazer sexo, só lhe resta morrer.

Segundo, há a própria pré-história do islã, não mencionada no Alcorão, na qual Agar é mãe primordial de todos os árabes; e também a história de Cadija, a primeira esposa de Maomé, como aquela que lhe permitiu traçar a linha de separação entre a verdade e as mentiras, entre as mensagens do anjo e as do demônio. Há casos em que as mensagens divinas recebidas por Maomé chegam perigosamente perto de ser invenções autosservientes – a mais conhecida diz respeito a seu casamento com Zainab, esposa de Zaid, seu filho adotivo. Depois de vê-la seminua, Maomé começou a cobiçá-la com ardor; quando Zaid soube disso, respeitosamente "repudiou" a esposa (divorciou-se dela) para que seu padrasto pudesse tomá-la em casamento. Infelizmente, o direito consuetudinário árabe proibia esse tipo de união, mas – surpresa! – o filho de Maomé recebeu em tempo uma revelação segundo a qual Alá o isentava dessa lei inconveniente (Alcorão 33,37; 33,50). Existe aqui, inclusive, um

---

[13] O que parece caracterizar o espaço simbólico muçulmano é uma fusão imediata de possibilidade e efetividade: o que é meramente possível é tratado (provoca uma reação) como se tivesse efetivamente acontecido. No nível da interação sexual, quando um homem se encontra sozinho com uma mulher, assume-se que a oportunidade foi aproveitada, que eles "fizeram aquilo", que o ato sexual se realizou. No nível da escrita, é por isso que os muçulmanos são proibidos de usar papel no banheiro: versos do Alcorão *poderiam ter sido* escritos ou impressos nele...

elemento do *Ur-Vater* [pai primordial] em relação a Maomé, uma figura paterna que possui todas as mulheres de sua família estendida.

No entanto, um bom argumento para a sinceridade básica de Maomé é que ele próprio foi o primeiro a duvidar radicalmente da natureza divina de suas visões, rejeitando-as como sinais alucinatórios de loucura ou casos de completa possessão demoníaca. Sua primeira revelação ocorreu durante o retiro de ramadã, fora de Meca: ele viu o arcanjo Gabriel, que lhe dizia: "Recite!" (*Qarā*, daí *Qur'ān*). Maomé achou que estava enlouquecendo e, como não queria passar o resto da vida como o "idiota do povo" de Meca, preferindo a morte à desgraça, decidiu se jogar do alto de um rochedo. Mas então a visão se repetiu. Ele ouviu uma voz das alturas dizendo: "Ó, Maomé, tu és o apóstolo de Deus, e eu sou Gabriel". No entanto, nem mesmo essa voz o tranquilizou, então ele voltou para casa lentamente e, em profundo desespero, disse a Cadija, sua primeira esposa: "Cubra-me com uma manta, enrole-me em uma manta". Ela o cobriu, e ele explicou o que havia acontecido: "Minha vida corre perigo". Cadija respeitosamente o consolou.

Nas visões subsequentes do arcanjo, ao persistirem as dúvidas de Maomé, Cadija pediu que ele a avisasse se o visitante retornasse, para que pudessem verificar se realmente se tratava de Gabriel ou apenas de um demônio comum. Assim, na vez seguinte, Maomé disse a Cadija: "Este é Gabriel, que acabou de aparecer para mim". Cadija replicou: "Venha cá e sente-se na minha perna esquerda". Maomé obedeceu, e ela disse: "Você consegue vê-lo?". "Sim." "Então, vire-se e sente-se na minha perna direita." Assim ele fez, e ela perguntou: "Consegue vê-lo?". Quando ele respondeu que sim, Cadija pediu finalmente que ele se sentasse no colo dela e, depois de retirar o véu e revelar sua figura, perguntou de novo: "Consegue vê-lo?", e ele respondeu: "Não". Ela, então, o tranquilizou: "Alegre-se e abra seu coração, ele é um anjo, e não um demônio". (Há outra versão dessa história em que, no teste final, além de se revelar, Cadija faz Maomé "entrar em sua roupa" (penetrá-la sexualmente); após a partida de Gabriel, Cadija diz ao apóstolo de Deus: "Em verdade, é um anjo, e não um demônio". O pressuposto subjacente é que um demônio luxurioso teria permanecido para desfrutar da visão do coito, já um anjo autêntico se retiraria educadamente de cena.) Só depois que Cadija deu a Maomé essa demonstração da legitimidade de seu encontro com Gabriel foi que ele se livrou das dúvidas e conseguiu se dedicar à função de porta-voz de Deus[14].

Maomé, portanto, vivenciou suas revelações como sinais de alucinações poéticas. Sua reação imediata foi: "Agora, nenhuma das criaturas de Deus me era mais odiosa que um poeta extasiado ou um homem possuído". Quem o salvou dessa incerteza insuportável, bem como do papel de "idiota do povo" ou pária social – e a

---

[14] A única ocasião posterior em que a intervenção demoníaca corrompe suas visões é o famoso episódio dos "versos satânicos".

primeira fiel dessa mensagem, a primeira muçulmana – foi Cadija, *uma mulher*. Na cena descrita anteriormente, ela representa o "grande Outro" lacaniano, a garantia da Verdade da enunciação do sujeito, e é apenas na forma desse suporte circular, por meio de alguém que já acredita nele, que Maomé pode acreditar na própria mensagem e, assim, servir como mensageiro da Verdade para os fiéis. A crença nunca é direta: para que eu acredite, alguém precisa acreditar em mim, e aquilo em que acredito é essa crença do outro em mim. Recordemos o proverbial e duvidoso herói, líder ou outra figura de autoridade, que, apesar de desesperado, cumpre sua missão, porque os outros (seus seguidores) acreditam nele e porque ele não pode suportar a possibilidade de desapontá-los. Existe pressão maior do que aquela que experimentamos quando uma criança inocente olha em nossos olhos e diz "Eu acredito em você!"?

Anos atrás, algumas feministas (como Mary Ann Doanne) acusaram Lacan de privilegiar o desejo masculino: somente os homens podem desejar plena e diretamente, enquanto as mulheres só podem desejar desejar, imitando histericamente o desejo. Com respeito à crença, devemos inverter as coisas: as mulheres acreditam, ao passo que os homens acreditam naqueles que acreditam neles[15]. Aqui, o tema subjacente é o do *objet petit a*: o outro que "acredita em mim" vê em mim algo mais que eu mesmo, algo de que eu mesmo não tenho ciência, o *objeto a* em mim. Segundo Lacan, a mulher é, para os homens, reduzida ao *objeto a* – mas e se for o contrário? E se o homem deseja seu objeto de desejo sem saber da causa que o faz desejá-lo, enquanto a mulher é centrada de modo mais direto n(o)a (objeto-)causa do desejo?

Devemos dar toda a importância a esta característica: a mulher tem um conhecimento da verdade que precede até mesmo a própria compreensão do profeta. O que complica ainda mais o quadro é o modo preciso da intervenção de Cadija, o modo como ela conseguiu traçar a linha de separação entre verdade e mentira, entre revelação divina e possessão demoníaca, *apresentando (interpondo) a si mesma, seu corpo descoberto, como inverdade encarnada*, como teste de um anjo verdadeiro. Mulher: uma mentira que, em sua melhor forma, sabe que é uma mentira encarnada. Isso, portanto, é o oposto da noção de verdade em Spinoza como indício de si própria e da mentira – aqui, a mentira é indício de si própria e da verdade.

É dessa maneira que a demonstração da verdade de Cadija é realizada por sua provocadora "mostração" (revelação, exposição)[16]. Desse modo, não podemos

---

[15] Certa vez, tive um daqueles sonhos comuns e asquerosamente autocomplacentes: sonhei que ganhava um grande prêmio; minha primeira reação *no sonho* foi que poderia não ser verdade, era apenas um sonho, e o resto do sonho foi meu esforço (no fim, bem-sucedido) para me convencer, apelando a uma série de indícios, de que não era sonho, mas realidade. Aqui, a tarefa interpretativa é descobrir quem era a mulher oculta no sonho, quem era minha Cadija.

[16] Fethi Benslama, *La psychanalyse à l'épreuve de l'islam*, cit., p. 207.

simplesmente opor o "bom" islã (reverência às mulheres) ao "mau" islã (opressão das mulheres, o véu etc.). Da mesma maneira, a questão não é apenas o retorno às "origens feministas reprimidas" do islã, a fim de renová-lo em seu aspecto feminino por meio desse retorno – pois essas origens reprimidas são ao mesmo tempo as próprias origens da opressão das mulheres. A opressão não oprime só as origens, ela tem de oprimir *suas próprias* origens. O elemento-chave da genealogia do islã é essa passagem da mulher como a única que pode verificar a própria Verdade para a mulher, que, por sua natureza, carece de fé e razão, trapaceia e mente, provoca os homens, interpondo-se entre eles e Deus como uma mancha perturbadora, e por isso tem de ser apagada, tem de se tornar invisível e controlada, pois seu gozo excessivo ameaça engolir os homens.

A mulher como tal é um escândalo ontológico, sua exposição pública é uma afronta a Deus. Ela não é apenas apagada, mas readmitida em um universo rigorosamente controlado cujas fundações fantasmáticas são discerníveis mais claramente no mito da eterna virgem: as (mal-)afamadas *houris*, virgens que esperam os mártires no Paraíso, nunca perdem a virgindade – depois de cada ato de penetração, o hímen é magicamente reconstruído. A fantasia aqui é a do reino indiviso e imperturbado da *jouissance* fálica, de um universo em que todos os traços da *autre jouissance* feminina foram apagados[17]. A reação mais profunda de uma mulher muçulmana quando lhe perguntam por que ela usa o véu voluntariamente é explicar que o faz "por vergonha diante de Deus", para não ofender a Deus: na exposição da mulher, há uma protuberância erétil, uma qualidade obscenamente intrusiva, e essa combinação de intrusão visual e conhecimento enigmático é explosiva, perturba o próprio equilíbrio ontológico do universo.

Então, como devemos interpretar, contra esse pano de fundo, medidas administrativas como a do Estado francês, que proibiu jovens muçulmanas de usar o *hijab* nas escolas? Aqui o paradoxo é duplo. Primeiro, essa proibição proíbe algo que também classifica como saliente, erétil, exposto – um sinal, forte demais para ser permissível, da identidade da pessoa, o qual perturba o princípio francês de cidadania igualitária. Usar o *hijab*, dessa perspectiva republicana francesa, é em si uma "mostração" provocadora. O segundo paradoxo é o fato de que *essa proibição do Estado proíbe a própria proibição*[18]; e talvez essa proibição seja a mais opressiva de todas. Por quê? Porque proíbe a própria característica que constitui a *identidade* (socioinstitucional) do outro: ela desinstitucionaliza essa identidade, transformando-a em uma idiossincrasia pessoal irrelevante. Essa proibição das proibições cria o espaço do homem universal, para quem todas as diferenças (econômicas, políticas, religiosas, culturais, sexuais etc.) são indiferentes, uma questão de práticas simbólicas contingentes etc.

---

[17] Ibidem, p. 255-6.
[18] Ibidem, p. 215.

Contudo, esse espaço é realmente neutro em relação ao gênero? Não, mas não no sentido de que a hegemonia secreta da lógica "falocêntrica" masculina ainda esteja em ação aqui. Ao contrário, o espaço sem um lado de fora legítimo, o espaço não marcado por um corte que determine uma linha de inclusão/exclusão, é um não-todo "feminino" e, como tal, um espaço global, no qual estamos todos situados numa espécie de oniabrangente "feminilidade absoluta, um Mundo da Mulher"[19]. Nesse universo, com sua proibição das proibições, não existe culpa; mas essa ausência de culpa é paga por um aumento insuportável da angústia. A proibição das proibições é um tipo de "equivalente geral" de todas as proibições, uma proibição universal e, portanto, universalizada, uma proibição de toda a alteridade efetiva: proibir a proibição do outro resulta em proibir a alteridade do sujeito[20]. Nisso reside o paradoxo do universo multiculturalista tolerante que inclui uma multitude de estilos de vida e outras identidades: quanto mais tolerante, mais ele se torna opressivamente homogêneo. Martin Amis acusou recentemente o islã de ser a religião mais entediante que existe, porque exige que seus fiéis repitam e repitam os mesmos rituais estúpidos e aprendam de cor as mesmas fórmulas sagradas. Ele estava profundamente errado: é a tolerância multicultural e a permissividade que induzem ao verdadeiro tédio.

Voltando ao papel das mulheres na pré-história do islã. Devemos acrescentar aqui a história da concepção de Maomé, na qual nos deparamos de novo com um misterioso cenário "entre-as-duas-mulheres". Depois de trabalhar com argila em sua terra, Abdalá, futuro pai de Maomé, foi à casa de uma mulher e tentou seduzi-la, mas ela o rejeitou por causa da argila que ele tinha sobre o corpo. Ele a deixou, lavou-se, voltou para sua esposa Amina e fez sexo com ela, e assim Maomé foi concebido. Ele, então, procurou mais uma vez a outra mulher e perguntou se ela ainda o queria. Ela respondeu: "Não. Quando você passou por mim, havia uma luz entre seus olhos. Eu o chamei, e você me repugnou. Você voltou para Anima, e ela levou a luz embora". A esposa oficial, portanto, ganha a criança, enquanto a outra mulher obtém conhecimento: ela vê em Abdalá mais do que o próprio Abdalá vê; ela vê a "luz", algo que ele tinha sem saber, algo que existe nele mais do que ele mesmo (o espermatozoide que conceberia o Profeta), e é esse *objeto a* que gera o desejo dela. A posição de Abdalá é como a do herói de um romance policial que de repente começa a ser perseguido, e até ameaçado de morte, porque sabe de alguma coisa que poderia pôr em risco um criminoso poderoso, embora ele mesmo (ou ela, pois em geral esse herói é uma mulher) não tenha ideia do que seja essa coisa. Abdalá, em seu narcisismo, confunde o *objeto a* dentro dele com ele mesmo – ou seja, confunde o objeto e a causa do desejo da mulher, e é por isso que, quando retorna a ela, assume erroneamente que ela ainda o deseja.

---

[19] Ibidem, p. 217.
[20] Ibidem, p. 216.

Essa confiança no feminino (e, ainda por cima, na mulher que lhe é estranha) é a fundação reprimida do islã, seu não-pensado, aquilo que, por meio de um complexo edifício ideológico, o islã se esforça para excluir, apagar ou, pelo menos, controlar, mas que, não obstante, continua a assombrá-lo, pois é a própria fonte de sua vitalidade.

Por que, então, as mulheres no islã são uma presença tão traumática, um escândalo tão ontológico, a ponto de precisarem ser veladas? O verdadeiro problema não concerne ao horror da exposição descarada do que está por trás do véu, mas sim à natureza do próprio véu. Devemos associar esse véu feminino à leitura lacaniana da anedota sobre a competição entre Zêuxis e Parrásio, dois pintores da Grécia Antiga, para ver quem pintava a ilusão mais convincente[21]. Primeiro, Zêuxis pintou um quadro de uvas tão realista que os pássaros foram atraídos e bicaram a tela, tentando comer os frutos. Parrásio venceu, no entanto, ao pintar uma cortina na parede de seu quarto, tendo levado Zêuxis, quando a viu, a dizer: "Está bem, agora abra a cortina e mostre o que pintou!". Na pintura de Zêuxis, a ilusão foi tão convincente que a imagem se confundiu com a coisa real; na pintura de Parrásio, a ilusão residia na própria noção de que o que vemos diante de nós é apenas um véu que encobre a verdade oculta. É assim também que, para Lacan, funciona a mascarada feminina: ela usa uma máscara para nos fazer reagir como Zêuxis frente à pintura de Parrásio – *Está bem, tire a máscara e mostre quem você realmente é!*

A situação é homóloga em *Como gostais*, de Shakespeare*, em que Orlando está completamente apaixonado por Rosalinda, e esta, para testar o amor dele, se disfarça de Ganimedes e, como homem, o interroga sobre seu sentimento. Enquanto está disfarçada, ela ainda assume a personalidade de Rosalinda (em um disfarce duplo, ela finge ser ela mesma, finge ser Ganimedes fingindo ser Rosalinda) e convence sua amiga Célia (disfarçada de Aliena) a casá-los em uma cerimônia falsa. Nesta, Rosalinda finge fingir que é o que é: a própria verdade, para triunfar, tem de ser *representada* em um engano redobrado. Podemos imaginar Orlando, depois da falsa cerimônia de casamento, voltando-se para Rosalinda-Ganimedes e dizendo-lhe: "Você representou Rosalinda tão bem que quase me fez acreditar que era ela; agora pode voltar ao que é e ser Ganimedes de novo".

Não é por acaso que os agentes dessas duplas mascaradas sejam sempre mulheres: enquanto o homem só pode fingir ser mulher, apenas a mulher pode fingir ser um homem que finge ser mulher, pois é só a mulher que pode *fingir ser algo que ela é* (uma mulher). Para explicar essa condição especificamente feminina do ato de fingir, Lacan se refere a uma mulher *velada* que usa um pênis falso escondido para evocar o fato de que ela é um falo: "Assim é a mulher por trás de seu véu: é a ausência do pênis que faz dela o falo, objeto do desejo. Evoquem essa ausência de

---

[21] Jacques Lacan, *O seminário*, livro 11, cit., p. 100-1.
* Ed. bras.: trad. Beatriz Viégas-Faria, São Paulo, L&PM, 2009. (N. E.)

maneira mais precisa, fazendo-a usar um mimoso postiço debaixo do (tra)vestido de baile a fantasia, e vocês, ou sobretudo ela, verão que tenho razão"[22].

Aqui a lógica é mais complexa do que pode parecer: não apenas o pênis obviamente falso evoca a ausência do pênis "real"; em um paralelo estrito com a pintura de Parrásio, a primeira reação do homem ao ver os contornos do pênis falso é: "Tire essa coisa falsa ridícula e mostre o que há por trás dela!". O homem, desse modo, não entende que o pênis falso é a coisa real: o "falo" que constitui a mulher é a sombra gerada pelo pênis falso, ou seja, o espectro do falo "real" inexistente por trás da cobertura do falso. Nesse sentido preciso, a mascarada feminina tem a estrutura do mimetismo, pois, para Lacan, no mimetismo eu não imito a imagem na qual quero me encaixar, mas aqueles traços da imagem que parecem indicar a existência de uma realidade oculta por trás dela. Assim como acontece com Parrásio, eu não imito as uvas, mas o véu. "O mimetismo dá a ver algo enquanto distinto do que poderíamos chamar um *ele-mesmo* que está por trás."[23] A condição do próprio falo é a do mimetismo. O falo é, no fundo, uma espécie de mancha no corpo humano, uma característica excessiva que não se encaixa no corpo e, assim, gera a ilusão de outra realidade oculta por trás da imagem.

Isso nos leva de volta à função do véu no islã. E se o verdadeiro escândalo que o véu tenta encobrir não for o corpo feminino por trás dele, mas a *inexistência* do feminino? E se, consequentemente, a função última do véu for precisamente sustentar a ilusão de que *há* algo, a Coisa substancial, por trás do véu? Se, seguindo a equação de Nietzsche entre verdade e mulher, transpusermos o véu feminino para o véu que esconde a Verdade definitiva, os verdadeiros interesses do véu muçulmano tornam-se ainda mais claros. A mulher é uma ameaça porque representa a "indecidibilidade" da verdade, uma sucessão de véus por trás dos quais não há um núcleo final escondido; ao cobri-la, criamos a ilusão de que existe, por trás do véu, a Verdade feminina – a horrível verdade das mentiras e do engano, é claro. Nisto reside o escândalo oculto do islã: apenas a mulher, a própria incorporação da natureza indiscernível de verdade e mentira, pode garantir a Verdade. Por essa razão, ela tem de continuar velada.

Isso nos leva de volta ao assunto do qual partimos: a mulher e o Oriente. A verdadeira escolha não é entre o islã masculino do Oriente Próximo e a espiritualidade mais feminina do Extremo Oriente, mas sim entre a elevação, feita pelo Extremo Oriente, da mulher a Deusa Mãe, substância geradora-e-destruidora do Mundo, e a desconfiança muçulmana da mulher que, paradoxal e negativamente, exprime de modo muito mais direto o poder explosivo-criativo-subversivo-traumático da subjetividade feminina.

---

[22] Jacques Lacan, *Escritos* (trad. Vera Ribeiro, Rio de Janeiro, Zahar, 1998), p. 840.
[23] Idem, *O seminário*, livro 11, cit., p. 98.

# Introdução
## Para nada e para ninguém

Um dos aspectos mais deploráveis da era pós-moderna e seu assim chamado "pensamento" é o retorno da dimensão religiosa em todas as diferentes formas: do fundamentalismo cristão e outros à sensibilidade religiosa surgida dentro do próprio desconstrucionismo (o chamado pensamento "pós-secular"), passando por uma multiplicidade de espiritualismos de Nova Era. De que maneira um marxista, que por definição é um "lutador materialista" (Lenin), deve se contrapor a esse ataque furioso e maciço do obscurantismo? A resposta óbvia parece ser não apenas atacar com ferocidade essas tendências, mas também censurar sem piedade os restos do legado religioso dentro do próprio marxismo. Contra a velha calúnia liberal que traça um paralelo entre a noção cristã e a marxista "messiânica" de história como processo de libertação final dos fiéis (o famigerado tema "partidos comunistas são seitas religiosas secularizadas"), não deveríamos destacar que isso só funciona para o marxismo "dogmático" ossificado, e não para seu autêntico núcleo libertador? Na esteira do livro precursor de Alain Badiou sobre são Paulo[1], nossa premissa aqui é exatamente o oposto: em vez de adotar uma posição tão defensiva, permitindo que o inimigo defina o terreno da luta, o que devemos fazer é inverter a estratégia, *defendendo plenamente aquilo de que somos acusados*: sim, *existe* uma linhagem direta entre o cristianismo e o marxismo; sim, o cristianismo e o marxismo *deveriam* lutar do mesmo lado da barricada contra o furioso ataque dos novos espiritualismos – o legado cristão autêntico é precioso demais para ser deixado aos fanáticos fundamentalistas.

No entanto, mesmo aqueles que reconhecem essa linhagem direta entre o cristianismo e o marxismo costumam fetichizar os primeiros seguidores "autênticos"

---

[1] Ver Alain Badiou, *São Paulo, a fundação do universalismo* (trad. Wanda Caldeira Brant, São Paulo, Boitempo, 2009).

de Cristo contra a "institucionalização" da Igreja epitomada no nome de são Paulo: sim para a "mensagem autêntica original" de Cristo; não para sua transformação em corpo de ensino que legitima a Igreja como instituição social. O que fazem esses seguidores da máxima "sim para Cristo, não para são Paulo" (que, como dizia Nietzsche, na verdade inventou o cristianismo) é estritamente paralelo ao posicionamento daqueles "marxistas humanistas" de meados do século XX, cuja máxima era "sim para o antigo Marx autêntico, não para sua ossificação leninista". Em ambos os casos, deveríamos insistir que tal "defesa do autêntico" é o modo mais pérfido de sua traição: *não há Cristo fora de são Paulo*; exatamente da mesma maneira, não há um "Marx autêntico" que se possa abordar diretamente, ignorando Lenin.

# 1
## Entregando a alma aos Bálcãs

A melhor maneira de captar a ideia central de uma época talvez não seja se concentrando nas características explícitas que definem seus edifícios sociais e ideológicos, mas sim nos fantasmas renegados que a assombram, que habitam uma região misteriosa de entes não existentes que, no entanto, *persistem* e continuam a ser eficazes. Por ter nascido na Eslovênia, parte da ex-Iugoslávia, pareço predestinado a falar desses fantasmas: um dos principais clichês sobre os Bálcãs não seria o fato de fazerem parte da Europa que é assombrada pelos famigerados "fantasmas do passado", que não se esquece de nada, não aprende nada e ainda trava batalhas que duram séculos, enquanto o resto do continente está envolvido em um rápido processo de globalização? Aqui, no entanto, encontramos o primeiro paradoxo dos Bálcãs: é como se eles próprios tivessem, aos olhos da Europa, o status peculiar de um fantasma que a assombra. Mas os Bálcãs pós-Iugoslávia, esse vórtice de paixões étnicas (auto)destrutivas, não seriam o exato oposto, quase uma espécie de negativo fotográfico, da coexistência tolerante de comunidades étnicas, uma espécie de sonho multiculturalista que se transformou em pesadelo? A própria delimitação geográfica desses países, bastante indeterminada e mutável, não indica sua condição espectral? É como se não houvesse resposta definitiva para a questão "Onde começam os Bálcãs?" – eles estão sempre em outro lugar, sempre um pouco mais a sudoeste.

Para os sérvios, os Bálcãs começam *lá embaixo*, no Kosovo ou na Bósnia, e eles defendem a civilização cristã contra esse Outro da Europa; para os croatas, os Bálcãs começam na Sérvia ortodoxa, despótica e bizantina, contra a qual a Croácia salvaguarda os valores democráticos ocidentais; para os eslovenos, os Bálcãs começam na Croácia, e somos nós o último pilar da pacífica *Mitteleuropa*; para muitos italianos e austríacos, os Bálcãs começam na Eslovênia, o posto avançado ocidental das hordas eslavas; para outros tantos alemães, a própria Áustria, por causa de suas relações históricas, já está manchada pela corrupção e pela ineficácia dos Bálcãs; para muitos no norte da Alemanha, a Baváira, com seu *estilo* católico provinciano, não está livre da contaminação balcânica; muitos franceses arrogantes associam a própria Alemanha a uma brutalidade balcânica oriental totalmente alheia à *finesse* francesa; e isso nos leva ao último elo dessa corrente: alguns conservadores britânicos que se opõem à União Europeia, para os quais – pelo menos implicitamente – toda a Europa continental funciona hoje como uma nova versão do Império Turco balcânico, sendo Bruxelas a nova Istambul, um centro despótico voraz que ameaça a soberania e a liberdade britânicas[1]... Essa identificação da Europa continental com os Bálcãs, seu Outro bárbaro, não seria a verdade secreta de todo o movimento da delimitação deslocada entre os dois?

Esse deslocamento enigmático múltiplo da fronteira demonstra claramente que, no caso dos Bálcãs, estamos lidando não com a geografia real, mas com uma cartografia imaginária que projeta na paisagem real seus próprios antagonismos sombrios, por vezes renegados, da mesma forma que Freud afirmava que a localização dos sintomas de conversão do histérico projeta no corpo físico o mapa de outra anatomia imaginária. No entanto, não é apenas o fato de que os Bálcãs funcionem como o *fantasma da Europa*, o resto persistente de seu próprio passado renegado; outra questão – talvez até mais importante – a ser colocada é que, na medida em que "os Bálcãs" funcionam como esse ente espectral, a referência a eles nos permite identificar, numa espécie de análise espectral, os diferentes modos do racismo atual. Primeiro, há a antiquada e despudorada rejeição do Outro balcânico (despótico, bárbaro, ortodoxo, muçulmano, corrupto, oriental etc.), em nome dos valores autênticos (ocidentais, civilizados, democráticos, cristãos etc.). E há o racismo "reflexivo" politicamente correto: a percepção multiculturalista dos Bálcãs como terreno de intolerância e horrores éticos, de paixões primitivas irracionais e beligerantes, que deve ser contraposto ao processo liberal-democrático pós-Estado-nação que resolve os conflitos pela negociação racional, pelo compromisso e pelo respeito mútuo. Aqui, o racismo é, por assim dizer, elevado a um segundo poder: é atribuído ao Outro, ao passo que nós ocupamos a posição conveniente de observador benevolente e neutro, integramente consternados com os horrores que acontecem "lá embaixo". Por fim, há o racismo reverso, que celebra a autenticidade exótica do Outro balcânico, como na ideia de que os sérvios, ao contrário dos europeus ocidentais, inibidos e anêmicos, ainda exibem um prodigioso gosto pela vida – essa última forma de racismo tem um papel fundamental no sucesso dos filmes de Emir Kusturica no Ocidente.

O exemplo de Kusturica também nos permite identificar outra maneira como o Ocidente percebe os Bálcãs: a lógica do *racismo deslocado*[2]. Como os Bálcãs, em

---

[1] Ver Vesna Goldworth, *Inventing Ruritania* (New Haven/ Londres, CT/ Yale University Press, 1998).
[2] Idem.

termos geográficos, fazem parte da Europa e são povoados por brancos, os clichês racistas que hoje, época do politicamente correto, ninguém ousaria aplicar ao povo africano ou asiático podem ser livremente atribuídos ao povo balcânico: as lutas políticas nos Bálcãs são comparadas a ridículos enredos de operetas; Ceauşescu foi apresentado como a reencarnação do conde Drácula... Ademais, é como se, na própria área dos Bálcãs, a Eslovênia fosse a mais exposta a esse racismo deslocado, por estar mais próxima da Europa Ocidental: quando, em uma entrevista sobre o filme *Underground, mentiras de guerra*, Kusturica menosprezou a Eslovênia, dizendo que era um país de cavalariços austríacos, ninguém reagiu ao evidente racismo da declaração – tudo bem, era um artista exótico "autêntico" da parte menos desenvolvida da ex-Iugoslávia atacando sua parte mais desenvolvida. *Os Bálcãs constituem um lugar de exceção com respeito ao qual se permite que o multiculturalismo tolerante exprima seu racismo reprimido.* Nisso consiste a principal lição ideológica "dos Bálcãs": quando teóricos como Anthony Giddens ou Ulrich Beck definem a sociedade contemporânea como uma "sociedade de risco", caracterizada pela "reflexividade global", a referência "aos Bálcãs" nos permite suplementar a análise que eles fazem, apontando como, atualmente, *o próprio racismo está se tornando reflexivo*.

Isso nos leva a outra característica desse racismo refletido: ele está centrado na distinção entre desprezo cultural para com o Outro e racismo puro e simples. Em geral, o racismo é considerado a versão mais forte e mais radical do desprezo cultural: há racismo quando o simples desprezo pela cultura do outro é elevado à noção de que tal grupo étnico é – por razões (biológicas ou culturais) inerentes – inferior ao nosso. O racismo "refletido" de hoje, no entanto, é paradoxalmente capaz de se articular em termos de *respeito* direto pela cultura do outro: o argumento oficial a favor do *apartheid* na África do Sul não era de que a cultura negra deveria ser preservada em sua unicidade, e não dissipada no caldeirão de raças do Ocidente? Ainda hoje, racistas europeus como Le Pen não frisam que o que pedem é exatamente o mesmo direito à identidade cultural que africanos e outros demandam para si próprios? É muito fácil rechaçar tais argumentos com a afirmação de que, aqui, o respeito pelo outro é simplesmente "hipócrita"; o mecanismo em ação é, antes, o da característica renegada da cisão fetichista: "Sei muito bem que a cultura do outro é digna de tanto respeito quanto a minha, no entanto... (eu a menosprezo apaixonadamente)".

Os mecanismos desse racismo reflexivo são claramente discerníveis até mesmo na cultura popular da atualidade – como em *A ameaça fantasma*, por exemplo, a tão esperada introdução de George Lucas à trilogia *Guerra nas estrelas*. O argumento crítico geralmente dado pela esquerda de que a multiplicidade de espécies alienígenas exóticas (extra-humanas) em *Guerra nas estrelas* representa, em código, as diferenças étnicas inter-humanas, reduzindo-as ao nível dos estereótipos racistas comuns (os maus comerciantes da ambiciosa Federação do Comércio são a óbvia caricatura dos comerciantes chineses, chamados de "formigas"), deixa escapar o essencial: essas referências aos clichês étnicos não são um código que deve ser decifrado por uma árdua análise teórica; elas são diretamente mencionadas, ou seja, sua identificação é, por assim dizer, parte do jogo. Ademais, os dois membros do povo subaquático de Naboo, Jar Jar e o imponente e autoritário chefe dos *gungans*, são referências óbvias ao modo caricatural com que a Hollywood clássica representava as figuras não europeias (não brancas) do escravo e do mestre: Jar Jar é um servo de bom coração, encantadoramente ridículo, covardemente tagarela e infantil (como o proverbial mexicano que fala pelos cotovelos e faz comentários exaltados o tempo todo), enquanto o chefe exibe a falsa dignidade ridiculamente pomposa do mestre não europeu (outra vez, como os chefes-guerreiros mexicanos nos antigos filmes de Hollywood, com um senso exagerado de orgulho e dignidade). É importante, nesse aspecto, o fato de que as duas figuras não são representadas por atores reais, são criações digitais e, como tais, não se referem apenas aos clichês, mas são, antes, diretamente apresentadas, ou seja, representadas, como nada mais do que clichês animados. Por esse motivo, elas são, de certa forma, "achatadas", desprovidas da "profundeza" de uma personalidade verdadeira: as caretas de seu rosto quase infinitamente plástico conferem uma expressão direta e imediata a suas atitudes e seus sentimentos mais profundos (raiva, medo, luxúria, orgulho), tornando-os totalmente transparentes.

A questão mais geral que deve ser colocada aqui é a lição hegeliana de que a *reflexivização/midiatização global gera sua própria imediatez brutal*, cuja figura foi mais bem capturada pela noção de Étienne Balibar a respeito da crueldade excessiva e não funcional como característica da vida contemporânea[3]: uma crueldade cujas figuras variam do racista "fundamentalista" e/ou assassino religioso às explosões de violência "sem sentido" dos adolescentes e dos sem-teto em nossas megalópoles, uma violência que ficamos tentados a chamar de *mal do isso*, uma violência sem nenhum fundamento em razões ideológicas ou utilitárias. Não podemos nos deixar levar pelo discurso de que os estrangeiros roubam nossos empregos ou representam uma ameaça para os valores ocidentais: em uma análise mais atenta, logo fica claro que esse discurso apresenta uma racionalização secundária bem superficial. No fundo, a explicação que conseguimos de um *skinhead* é que ele se sente bem batendo em estrangeiros porque a presença destes o perturba. O que encontramos aqui é decerto o mal do isso, o Mal estruturado e motivado pelo desequilíbrio mais elementar na relação entre o Eu e a *jouissance*, pela tensão entre o prazer e o corpo estranho da *jouissance* em seu próprio âmago. O mal do isso, portanto, representa o mais elementar "curto-circuito" na relação do sujeito com o objeto-causa, primordialmente ausente, de seu desejo: o que nos "incomoda" no "outro" (judeu,

---

[3] Ver Étienne Balibar, "La violence: idéalité et cruauté", em *La crainte des masses* (Paris, Galilée, 1997).

japonês, africano, turco) é que o outro parece nutrir uma relação privilegiada com o objeto – ou o outro possui o objeto-tesouro, depois de tê-lo tirado de nós (e é por isso que não o temos), ou constitui uma ameaça a nossa posse do objeto[4].

Podemos empregar aqui o "juízo infinito" hegeliano que afirma a identidade especulativa dessas explosões "inúteis" e "excessivas" de imediatismo violento, as quais denotam nada mais que o ódio puro e desnudado ("não sublimado") contra a Alteridade, com a reflexivização global da sociedade. Talvez o maior exemplo dessa coincidência seja o destino da interpretação psicanalítica. Hoje, as formações do inconsciente (dos sonhos aos sintomas histéricos) perderam em definitivo sua inocência e são totalmente reflexivizadas: as "livres associações" de um típico analisando instruído consistem, em sua maioria, em tentativas de dar uma explicação psicanalítica dos próprios distúrbios, de modo que podemos justificadamente dizer que não temos apenas interpretações junguianas, kleinianas, lacanianas etc. dos sintomas, mas sintomas que são eles próprios junguianos, kleinianos, lacanianos etc., ou seja, cuja realidade envolve uma referência implícita a uma teoria psicanalítica. O infeliz resultado dessa reflexivização global da interpretação (tudo se torna interpretação; o inconsciente interpreta a si mesmo) é que a própria interpretação do analista perde sua "eficácia simbólica" performativa, deixando o sintoma intacto na imediatez de sua *jouissance* idiota.

O que acontece no tratamento psicanalítico é algo estritamente homólogo à resposta do *skinhead* neonazista que, quando realmente pressionado a dar razões para sua violência, de repente começa a falar como assistentes sociais, sociólogos e psicólogos, citando a mobilidade social diminuída, a insegurança crescente, a desintegração da autoridade paternal, a falta de amor materno na primeira infância – a unidade entre a prática e sua legitimação ideológica inerente se desintegra na crua violência e em sua interpretação impotente e ineficaz. Essa impotência da interpretação é também um dos anversos necessários da reflexividade universalizada que é aclamada pelos teóricos da sociedade de risco: é como se nosso poder de reflexão pudesse florescer somente na medida em que tira sua força de – e se baseia em – algum apoio substancial "pré-reflexivo" mínimo que escapa à apreensão, de modo que sua universalização surge à custa da ineficácia, ou seja, o ressurgimento paradoxal do Real bruto da violência "irracional", impermeável e insensível à interpretação reflexiva.

Desse modo, quanto mais a teoria social de hoje proclama o fim da Natureza e/ou da Tradição e o advento da "sociedade de risco", mais a referência implícita à "natureza" permeia nosso discurso diário: inclusive quando não mencionamos

---

[4] Para um desenvolvimento mais detalhado desse tema, ver o capítulo 3 de Slavoj Žižek, *As metástases do gozo* (trad. Miguel Serras Pereira, Lisboa, Relógio D'Água, 2006), e o capítulo 6 de *The Ticklish Subject* (Londres, Verso, 2008) [ed. bras.: *O sujeito incômodo*, São Paulo, Boitempo, no prelo].

o "fim da história", não transmitimos a mesma mensagem do que quando dizemos que estamos entrando em uma era pragmática "pós-ideológica", que é outra maneira de afirmar que estamos entrando em uma ordem pós-política na qual os únicos conflitos legítimos são os conflitos étnicos/culturais? É típico que, no discurso crítico e político atual, o termo "trabalhador" tenha desaparecido, tenha sido suplantado e/ou obliterado por "imigrantes" (trabalhadores imigrantes: argelinos na França, turcos na Alemanha, mexicanos nos Estados Unidos); dessa forma, a problemática de *classe* da exploração dos trabalhadores é transformada em problemática *multiculturalista* da "intolerância à Alteridade" etc., e o investimento excessivo dos liberais multiculturalistas na proteção dos direitos étnicos dos imigrantes tira claramente sua forma da dimensão da classe "reprimida".

Apesar de a tese de Francis Fukuyama sobre o "fim da história" ter caído rapidamente no esquecimento, ainda assumimos em silêncio que a ordem global capitalista liberal-democrata é, de alguma maneira, o regime social que se descobriu "natural"; ainda concebemos implicitamente os conflitos nos países do Terceiro Mundo como um subtipo das catástrofes naturais, como rompantes de paixões violentas quase naturais ou como conflitos baseados na identificação fanática com raízes étnicas (e o que quer dizer "étnico" aqui, senão, mais uma vez, um codinome de natureza?). E, de novo, a questão-chave é que essa renaturalização oniabrangente é estritamente correlata à reflexivização global de nossa vida cotidiana. Por essa razão, quando confrontados com o ódio e a violência étnicos, devemos rejeitar completamente a ideia multiculturalista de que, contra a intolerância étnica, temos de aprender a respeitar a Alteridade do Outro e a conviver com ela, a desenvolver tolerância por diferentes estilos de vida etc. O *ódio étnico* não será combatido efetivamente por seu equivalente imediato, a *tolerância étnica*; ao contrário, precisamos *de mais ódio ainda*, mas de um ódio propriamente *político*: o ódio voltado contra o inimigo político comum.

# 2
## O ESPECTRO DO CAPITAL

Em que ponto estamos, hoje, a respeito dos fantasmas? O primeiro paradoxo que nos ocorre, obviamente, é que esse mesmo processo da reflexivização global que ridiculariza e persegue sem nenhuma piedade os fantasmas do passado gera não só sua imediaticidade, mas também *seus próprios fantasmas*, sua própria espectralidade. O fantasma mais famoso, que perambulou por aí nos últimos 150 anos, não era um fantasma do passado, mas o espectro do futuro (revolucionário) – o espectro, é claro, da primeira frase do *Manifesto Comunista*. A reação automática que o leitor contemporâneo liberal e esclarecido tem diante do *Manifesto* é: o texto não está simplesmente *errado* com relação a tantos relatos empíricos – com relação ao quadro que pinta da situação social e à perspectiva revolucionária que sustenta e propaga? Houve alguma vez um manifesto político tão claramente deturpado pela realidade histórica subsequente? O *Manifesto* não é, no que tem de melhor, a extrapolação exagerada de certas tendências discerníveis no século XIX? Abordemos, então, o *Manifesto* a partir do extremo oposto: em que pé estamos *hoje*, em nossa sociedade "pós" (pós-moderna, pós-industrial)? A palavra de ordem que se impõe cada vez mais é "globalização": a imposição brutal de um mercado mundial unificado que ameaça todas as tradições étnicas locais, inclusive a própria forma do Estado-nação. Tendo em vista essa situação, a descrição do impacto social da burguesia no *Manifesto* não é mais relevante do que nunca?

> A burguesia não pode existir sem revolucionar incessantemente os instrumentos de produção, por conseguinte, as relações de produção e, com isso, todas as relações sociais. A conservação inalterada do antigo modo de produção era, pelo contrário, a primeira condição de existência de todas as classes industriais anteriores. Essa subversão contínua da produção, esse abalo constante de todo o sistema social, essa agitação permanente e essa falta de segurança distinguem a época burguesa de todas as precedentes. Dissolvem-se todas as relações sociais antigas e cristalizadas, com seu cortejo de concepções e

de ideias secularmente veneradas; as relações que as substituem tornam-se antiquadas antes de se consolidarem. Tudo o que era sólido e estável se desmancha no ar, tudo o que era sagrado é profanado e os homens são obrigados finalmente a encarar sem ilusões a sua posição social e as suas relações com os outros homens.
Impelida pela necessidade de mercados sempre novos, a burguesia invade todo o globo terrestre. Necessita estabelecer-se em toda parte, explorar em toda parte, criar vínculos em toda parte.
Pela exploração do mercado mundial, a burguesia imprime um caráter cosmopolita à produção e ao consumo em todos os países. Para desespero dos reacionários, ela roubou da indústria sua base nacional. As velhas indústrias nacionais foram destruídas e continuam a ser destruídas diariamente. São suplantadas por novas indústrias, cuja introdução se torna uma questão vital para todas as nações civilizadas – indústrias que já não empregam matérias-primas nacionais, mas sim matérias-primas vindas das regiões mais distantes, e cujos produtos se consomem não somente no próprio país, mas em todas as partes do mundo. Em vez das antigas necessidades, satisfeitas pelos produtos nacionais, surgem novas demandas, que reclamam para sua satisfação os produtos das regiões mais longínquas e de climas os mais diversos. No lugar do antigo isolamento de regiões e nações autossuficientes, desenvolvem-se um intercâmbio universal e uma universal interdependência das nações. E isso se refere tanto à produção material como à produção intelectual. As criações intelectuais de uma nação tornam-se patrimônio comum. A estreiteza e a unilateralidade nacionais tornam-se cada vez mais impossíveis; das numerosas literaturas nacionais e locais nasce uma literatura universal.[1]

Essa não é, mais do que nunca, nossa realidade de hoje? Os telefones da Ericsson não são mais suecos, 60% dos carros da Toyota são fabricados nos Estados Unidos, a cultura de Hollywood impregna as partes mais remotas do globo... Além disso, o mesmo não é válido também para todas as formas de identidades étnicas e sexuais? Não deveríamos completar a descrição de Marx nesse sentido, acrescentando também que "a estreiteza e a unilateralidade" sexuais "tornam-se cada vez mais impossíveis"; que, no que se refere também às práticas sexuais, "tudo o que era sólido e estável se desmancha no ar, tudo o que era sagrado é profanado", de modo que o capitalismo tenta substituir a heterossexualidade normativa padrão pela proliferação de identidades e/ou orientações mutáveis e instáveis? De tempos em tempos, o próprio Marx subestima essa capacidade do universo capitalista de incorporar o ímpeto transgressor que parecia ameaçá-lo; em sua análise da Guerra de Secessão, por exemplo, ele afirmou que, como a indústria têxtil inglesa, espinha dorsal do sistema industrial, não poderia sobreviver sem o fornecimento de algodão barato oriundo da América do Sul, que somente era possível pelo trabalho escravo, a Inglaterra seria forçada a intervir diretamente para evitar a abolição da escravatura.

---

[1] Karl Marx e Friedrich Engels, *Manifesto Comunista* (trad. Álvaro Pina, São Paulo, Boitempo, 2005), p. 43.

Então, sim, esse dinamismo global descrito por Marx, que leva todas as coisas sólidas a se desmanchar no ar, é a nossa realidade – desde que não nos esqueçamos de complementar essa imagem do *Manifesto* com seu oposto dialético inerente, a *"espiritualização" do próprio processo material de produção*. O capitalismo, enquanto suspende o poder dos velhos fantasmas da tradição, gera seus próprios monstros. Ou seja, por esse lado, o capitalismo implica a secularização radical da vida social – ele dilacera impiedosamente qualquer aura de autêntica nobreza, sacralidade, honra etc.

> Afogou os fervores sagrados da exaltação religiosa, do entusiasmo cavalheiresco, do sentimentalismo pequeno-burguês nas águas geladas do cálculo egoísta. Fez da dignidade pessoal um simples valor de troca; substituiu as numerosas liberdades, conquistadas duramente por uma única liberdade sem escrúpulos: a do comércio. Em uma palavra, em lugar da exploração dissimulada por ilusões religiosas e políticas, a burguesia colocou uma exploração aberta, direta, despudorada e brutal.[2]

No entanto, a lição fundamental da "crítica da economia política" elaborada pelo Marx maduro, nos anos que se seguem ao *Manifesto*, é que *essa redução de todas as quimeras celestiais à realidade econômica brutal gera uma espectralidade própria*. Quando Marx descreve a má circulação do capital, que se autoaperfeiçoa e cujo caminho solipsista da autofecundação chega ao apogeu nas especulações metarreflexivas da atualidade sobre os futuros, é simplista demais afirmar que o espectro desse monstro que se autoaperfeiçoa e segue seu caminho, negligenciando qualquer preocupação humana ou ambiental, seja uma abstração ideológica, bem como afirmar que não podemos nos esquecer de que por trás dessa abstração há pessoas reais e objetos naturais em cujos recursos e capacidades produtivas se baseia a circulação do capital e dos quais o capital se alimenta como um parasita gigante. O problema é que essa "abstração" não existe apenas em nossa má percepção (a do especulador financeiro) da realidade social; ela é "real" no sentido preciso de que determina a própria estrutura dos processos sociais materiais: o destino de todas as camadas da população, e por vezes de países inteiros, pode ser decidido pela dança especulativa solipsista do capital, que persegue seu objetivo de lucratividade com uma indiferença abençoada em relação ao modo como seu movimento afetará a realidade social. Essa é a violência sistêmica fundamental do capitalismo, muito mais misteriosa que qualquer violência pré-capitalista socioideológica direta: essa violência não é mais atribuível aos indivíduos concretos e a suas "más" intenções, mas é puramente "objetiva", sistêmica, anônima.

Aqui encontramos a diferença lacaniana entre realidade e Real: "realidade" é a realidade social das pessoas reais envolvidas na interação e nos processos de

---

[2] Ibidem, p. 42.

produção, ao passo que o Real é o "abstrato" inexorável, a lógica espectral do capital que determina o que acontece na realidade social. Essa lacuna é palpável no modo como a situação econômica de um país é considerada boa e estável por economistas internacionais mesmo quando a grande maioria do povo tem um padrão de vida inferior ao que tinha antes – a realidade não importa, o que importa é a situação do capital. Novamente, isso não seria mais verdadeiro do que nunca? Os fenômenos geralmente classificados como característicos do "capitalismo virtual" (mercado futuro e outros tipos de especulações financeiras abstratas) não apontam na direção do reino da "abstração real" em sua forma mais pura, muito mais radical do que na época de Marx? Em suma, a forma mais elevada de ideologia não envolve ser preso na espectralidade ideológica, deixando para trás suas fundações nas pessoas reais e suas relações, mas precisamente ignorar esse Real da espectralidade e fingir abordar diretamente "as pessoas reais e suas preocupações reais". Os visitantes da Bolsa de Valores de Londres recebem um folheto que explica que o mercado de ações não tem a ver com flutuações misteriosas, mas com pessoas reais e seus produtos – *isso* é ideologia em sua forma mais pura.

Isso significa, então, que a "crítica da economia política" marxista fornece um relato correto do processo de globalização capitalista? Mais precisamente: como nos posicionamos *hoje* quanto à oposição entre a análise marxista padrão do capitalismo como formação social e aquelas tentativas – de Heidegger a Adorno e Horkheimer – que veem a dança louca capitalista, considerada produtividade que se autoaperfeiçoa, como a expressão de um princípio ontológico-transcendental mais fundamental ("vontade de poder", "razão instrumental") discernível também nas tentativas comunistas de superar o capitalismo, de modo que – como disse Heidegger – americanismo e comunismo sejam metafisicamente a mesma coisa? Do ponto de vista marxista padrão, a busca de um princípio ontológico-transcendental encobre a estrutura socioeconômica concreta que sustenta a produtividade capitalista; ao passo que, do lado oposto, a abordagem marxista padrão não vê como o excesso capitalista não possa ser explicado no nível ôntico de uma organização social particular.

Aqui somos tentados a dizer que, de certo modo, *os dois lados estão errados*. Precisamente como marxistas, e em benefício de nossa fidelidade à obra de Marx, devemos identificar seu erro: ele percebeu como o capitalismo desencadeou a impressionante dinâmica da produtividade que se autoaperfeiçoa – vejam-se suas descrições fascinadas de como, no capitalismo, "tudo o que era sólido e estável se desmancha no ar", de como o capitalismo é o maior revolucionário de toda a história da humanidade; por outro lado, ele também percebeu claramente que essa dinâmica capitalista é impulsionada por seu próprio obstáculo interno ou antagonismo – o derradeiro limite do capitalismo (da produtividade capitalista autopropulsiva) é o próprio capital, ou seja, o desenvolvimento incessante e o revolucionamento das próprias condições materiais do capitalismo, a dança louca de sua espiral incondicional de produtividade, no fundo nada mais é que um voo desesperado para escapar de sua própria contradição debilitante inerente...

O erro fundamental de Marx foi concluir, a partir desses insights, que uma nova ordem social superior (comunismo) era possível, a qual não só manteria, como também elevaria a um grau mais elevado e efetivamente libertaria por completo o potencial da espiral de produtividade de intensificar a si mesma, potencial que, no capitalismo, por conta de seu obstáculo/sua contradição inerente, é tolhido repetidas vezes pelas crises econômicas socialmente destrutivas. Em suma, Marx não percebeu que – posto em termos derridianos comuns – esse obstáculo/antagonismo interno, como "condição de impossibilidade" do pleno desenvolvimento das forças produtivas, é ao mesmo tempo sua "condição de possibilidade": se eliminamos o obstáculo, ou seja, a contradição inerente do capitalismo, não temos o impulso totalmente desimpedido para a produtividade enfim livre de seu impedimento, mas justamente perdemos essa produtividade que parecia gerada e ao mesmo tempo tolhida pelo capitalismo – se removemos o obstáculo, o próprio potencial tolhido por esse obstáculo se dissipa... (aqui podemos imaginar uma possível crítica lacaniana a Marx, centrada na sobreposição ambígua entre mais-valor e mais-gozar). Sendo assim, de certo modo, os críticos do comunismo estavam corretos quando diziam que o comunismo marxiano é uma fantasia impossível – o que eles não perceberam é que o comunismo marxiano, essa noção de sociedade de pura produtividade desimpedida *fora* do quadro do capital, era uma fantasia inerente ao próprio capital, a transgressão *capitalista* inerente em sua forma mais pura, uma fantasia estritamente *ideológica* de manter o impulso para a produtividade gerada pelo capitalismo, enquanto se livra dos "obstáculos" e antagonismos que eram – como mostra a triste experiência do "capitalismo realmente existente" – *o único quadro de referência possível da existência material efetiva de uma sociedade de permanente produtividade que se autoaperfeiçoa.*

Agora podemos ver por que o procedimento supramencionado de suplantação da análise marxista fazendo referência a um fundamento ontológico-transcendental (a maneira usual pela qual os marxistas ocidentais tentam responder à crise do marxismo) é deficiente; não precisamos hoje da passagem da "crítica da economia política" à "crítica ontológico-transcendental da razão instrumental", mas de um retorno à "crítica da economia política" que revele como o projeto comunista padrão era *utópico* justamente por não ser *radical o bastante* – na medida em que, nele, o impulso capitalista fundamental da produtividade desimpedida sobreviveu, desprovido de suas condições contraditórias concretas de existência. A insuficiência de Heidegger, Adorno, Horkheimer etc. está no abandono da análise social concreta do capitalismo: em sua própria crítica ou superação de Marx, eles *repetem* de certa forma o erro de Marx – assim como ele, entendem a produtividade desenfreada como algo que, em última análise, é *independente* da formação social capitalista concreta. O capitalismo e o comunismo não são duas realizações históricas diferentes nem dois tipos de "razão instrumental" – a razão instrumental *como tal* é capitalista, fundamentada nas relações capitalistas; e o "socialismo realmente existente" fracassou porque, em última análise, era uma subespécie do capitalismo, uma tentativa ideológica de "fazer a omelete sem quebrar os ovos", de romper com o capitalismo e manter seu ingrediente principal.

Portanto, nossa resposta à crítica filosófica que se costuma fazer a Marx (deve-se rejeitar sua descrição da dinâmica do capitalismo, pois só faz sentido contra o pano de fundo da ideia do comunismo como sociedade autotransparente em que o processo de produção é diretamente subordinado ao "intelecto geral" do planejamento coletivo) é que, embora se aceite o núcleo desse argumento, é preciso dar um passo reflexivo para trás e entender como sua ideia a respeito da sociedade comunista é, em si, a fantasia capitalista inerente – um cenário fantasmático para resolver o antagonismo capitalista que ele descreveu com tanta propriedade. Em outras palavras, nossa premissa é que, mesmo se eliminarmos a noção teleológica do comunismo (sociedade de produtividade completamente desenfreada) como padrão implícito pelo qual Marx, por assim dizer, avalia a alienação da sociedade existente, a maior parte de sua "crítica da economia política", ou sua constatação do ciclo vicioso autopropulsivo de (re)produção capitalista, sobrevive. Portanto, a tarefa do pensamento atual é dupla: de um lado, como *repetir* a "crítica da economia política" marxista sem a noção ideológico-utópica do comunismo como padrão inerente; de outro, como imaginar um rompimento efetivo com o horizonte capitalista *sem* cair na armadilha de voltar à noção eminentemente *pré-moderna* de uma sociedade equilibrada, (auto)contida (tentação "pré-cartesiana" a que sucumbe a maior parte da ecologia atual).

Então, onde exatamente Marx errou no que se refere ao mais-valor? Somos tentados a buscar uma resposta na principal distinção lacaniana entre o *objeto* do desejo e o mais-gozar como sua *causa*. Henry Krips[3] evoca o adorável exemplo da *chaperon* na sedução; a *chaperon* é uma senhora feia que age oficialmente como *obstáculo* ao objeto-meta direto (mulher cortejada pelo pretendente); mas, precisamente como tal, ela é o momento-chave intermediário que efetivamente torna a mulher amada desejável – sem ela, toda a economia da sedução sofreria um colapso[4]. Ou tomemos outro exemplo, de um nível diferente: uma mecha loira

---

[3] Ver Henry Krips, *Fetish: An Erotics of Culture* (Ithaca, Cornell University Press, 1999).
[4] E o mesmo não costuma ser válido para os próprios pais? Recordemos o proverbial pretendente que, para impressionar o futuro sogro, trava com ele uma conversa tão intensa que, em certo momento, sua pobre noiva explode: "Onde eu entro nisso tudo? Estou me sentindo um elemento perturbador – por que vocês dois não vão embora e me esquecem?".

em um coque em espiral, aquele detalhe fatal de Madeleine em *Um corpo que cai*, de Hitchcock. Na cena de amor no celeiro, já no final do filme, quando Scottie abraça apaixonadamente Judy, remodelada à imagem da falecida Madeleine, durante o famoso beijo em 360 graus, ele para de beijá-la e se retrai tempo suficiente para dar uma olhadela em seu cabelo recém-alourado, como que para reafirmar a si mesmo que a característica específica que a transforma em objeto de desejo ainda está lá... É fundamental aqui a oposição entre o vórtice que ameaça engolir Scottie (a "vertigem" [*vertigo*] do título original, a Coisa mortal) e o cabelo louro preso em um coque em espiral que imita a vertigem da Coisa, mas em miniatura, numa forma gentrificada.

Essa espiral é o *objet petit a* que condensa a Coisa impossível-mortal, servindo como seu substituto e, assim, permitindo que tenhamos uma relação suportável com ela, sem sermos engolidos por ela. Como dizem as crianças judias quando fazem brincadeiras levemente agressivas: "Por favor, me morda, mas não com muita força". Essa é a diferença entre repressão sexual "normal" e fetichismo: na sexualidade "normal", acreditamos que o detalhe característico que serve de *causa* do desejo é apenas um obstáculo que impede nosso acesso direto à Coisa – ou seja, nós ignoramos seu papel principal, ao passo que, no fetichismo, nós simplesmente *transformamos a causa do desejo diretamente em nosso objeto de desejo*, um fetichista em *Um corpo que cai* não se importaria com Madeleine, apenas concentraria seu desejo diretamente no coque; um pretendente fetichista se envolveria diretamente com a *chaperon* e esqueceria a dama em si, verdadeira meta de seus esforços.

Sendo assim, há sempre uma lacuna entre o objeto de desejo em si e sua causa, o elemento ou a característica mediadora que torna esse objeto desejável. O que acontece na melancolia é que temos *o objeto do desejo destituído de sua causa*. Para o melancólico, o objeto está lá, mas o que falta é a característica intermediária específica que o torna desejável[5]. Por essa razão, há sempre ao menos um traço de melancolia em todo amor verdadeiro: no amor, o objeto não é destituído de sua causa; antes, o que acontece é que a própria *distância* entre objeto e causa se dissipa. É justamente isso que distingue *amor* de *desejo*: no desejo, como vimos, a causa é distinta do objeto; no amor, os dois *coincidem* de modo inexplicável – amo de forma mágica o ser amado *por si mesmo*, encontrando *nele* o ponto exato *a partir do qual* eu o considero digno de amar. E se – voltando a Marx – seu erro foi também assumir que o *objeto* de desejo (produtividade ilimitada em expansão) continuaria a existir mesmo quando destituído da *causa* que o impulsiona (mais-valor)?

---

[5] Nos últimos anos do comunismo no Leste Europeu, por exemplo, a democracia era desejável, mas *por intermédio* das restrições comunistas – quando esse obstáculo intermediário ruiu, conseguimos o objeto de nosso desejo, mas destituído de sua causa.

# 3
## Coca-Cola como *objet petit a*

Da perspectiva psicanalítica, é crucial aqui a ligação entre a dinâmica capitalista do mais-valor e a dinâmica libidinal do mais-gozar. Elaboremos essa questão a propósito da Coca-Cola enquanto mercadoria definitiva do capitalismo e, como tal, mais-valor personificado. Não é surpresa que a Coca-Cola tenha sido apresentada pela primeira vez como medicamento – seu gosto estranho não parece fornecer uma satisfação específica, não é exatamente agradável nem atraente; no entanto, é precisamente como tal, como um transcender de qualquer valor de uso imediato (ao contrário da água, da cerveja ou do vinho, que definitivamente matam a sede ou produzem o efeito desejado de tranquilidade satisfeita), que a Coca-Cola funciona como corporificação direta do "*isso*", do puro excesso do gozo em relação às satisfações comuns, do misterioso e esquivo X que todos buscamos em nosso consumo compulsivo da mercadoria.

O resultado imprevisível dessa característica não é que, como a Coca-Cola não satisfaz nenhuma necessidade concreta, nós a tomamos apenas como suplemento, depois de satisfazer nossa necessidade substancial com outra bebida – é antes esse caráter supérfluo que torna ainda mais insaciável nossa sede de Coca-Cola. Como afirmou Jacques-Alain Miller de maneira tão sucinta, a Coca-Cola tem a propriedade paradoxal de que, quanto mais se bebe, mais sede se tem, maior é a necessidade de beber – por conta daquele gosto estranho e agridoce, nossa sede nunca é saciada de fato[1]. Assim, anos atrás, quando o slogan da empresa era "Coca-Cola é *isso aí*!", tivemos de perceber sua profunda ambiguidade: "é isso aí" precisamente na medida em que *nunca* é efetivamente *isso aí*, precisamente na medida em que

---

[1] Não acontece algo semelhante, em um nível totalmente diferente, com a ajuda do FMI aos países do Terceiro Mundo? Não é verdade que, quanto mais esses países aceitam ajuda do FMI e obedecem a suas condições ou seguem seus conselhos, mais se tornam dependentes dele e de ajuda?

cada satisfação abre uma lacuna do "eu quero *mais*!". O paradoxo, portanto, é que a Coca-Cola não é uma mercadoria comum, pela qual o valor de uso é transubstanciado em uma expressão da (ou suplementado pela) dimensão aurática do puro Valor (de troca), mas uma mercadoria cujo próprio valor de uso particular já é a encarnação direta da aura suprassensível do excedente espiritual inefável, uma mercadoria cujas propriedades materiais já são as propriedades de uma mercadoria. Esse processo é levado a cabo no caso da Coca-Cola dietética sem cafeína. Por quê? Bebemos Coca-Cola – ou qualquer outra bebida – por duas razões: por matar a sede, ou por seu valor nutricional, e pelo gosto. No caso da Coca-Cola dietética sem cafeína, o valor nutricional é eliminado, e a cafeína, como ingrediente principal de seu gosto, também é retirada – tudo o que resta é um puro semblante, a promessa artificial de uma substância que nunca se materializou. Nesse sentido, no caso da Coca-Cola dietética sem cafeína, não é verdade que nós quase literalmente "bebemos nada na forma de algo"?

Estamos implicitamente nos referindo aqui, claro, à clássica oposição nietzschiana entre "querer nada" (no sentido de "Eu não quero nada") e a postura niilista de querer ativamente o próprio Nada; na esteira de Nietzsche, Lacan destacou que, na anorexia, não é que o sujeito simplesmente não "come nada"; ao contrário, o anoréxico quer ativamente comer o Nada (o Vazio) que é, em si, o objeto-causa definitivo do desejo. (O mesmo vale para o famoso paciente de Ernst Kris, que sentia culpa por roubar, embora na verdade não tivesse roubado nada: o que ele *roubava*, repetimos, era o próprio Nada.)* Então, nessa mesma linha, no caso da Coca-Cola dietética sem cafeína, *nós bebemos o próprio Nada*, o puro semblante de uma propriedade que, com efeito, é apenas o invólucro de um vazio.

Esse exemplo nos faz compreender a ligação inerente entre três noções: a noção marxista de mais-valor, a noção lacaniana de *objet petit a* como mais-gozar (conceito que Lacan elaborou com referência direta ao mais-valor marxiano) e o paradoxo do supereu, percebido há muito tempo por Freud – quanto mais Coca-Cola bebemos, mais sede temos; quanto mais lucro obtemos, mais o queremos; quanto mais obedecemos ao comando do supereu, mais culpados nos sentimos. Em todos esses casos, a lógica da troca equilibrada é perturbada em prol de uma lógica excessiva de, "quanto mais damos (quanto mais pagamos nossas dívidas), mais devemos" (ou "quanto mais temos o que desejamos, maior é a falta, maior é o anseio", ou – na versão consumista – "quanto mais compramos, mais temos de gastar"); ou seja, do paradoxo que é o exato oposto do paradoxo do amor, em que, como disse Julieta em suas palavras imortais a Romeu, "quanto mais dou, mais tenho". A chave dessa perturbação, obviamente, é o mais-gozar,

---

\* Ver Jacques Lacan, "A direção do tratamento e os princípios de seu poder", em *Escritos*, cit., p. 591-652. (N. T.)

o *objet petit a*, que existe (ou melhor, persiste) em uma espécie de espaço curvo – quanto mais perto chegamos dele, mais ele escapa a nossa apreensão (ou quanto mais o possuímos, maior é a falta)[2].

Talvez a diferença sexual entre aqui de maneira inesperada: o motivo de o supereu ser mais forte nos homens do que nas mulheres é o fato de que eles, e não elas, estão intensamente ligados a esse excesso do mais-gozar em relação ao funcionamento pacificador da lei simbólica. No que se refere à função paternal, a oposição entre a lei simbólica pacificadora e a injunção excessiva do supereu é, obviamente, a oposição entre o Nome-do-Pai (autoridade paternal simbólica) e o "pai primordial" que tem a permissão de gozar de todas as mulheres; é crucial aqui recordarmos que o "pai primordial" abusador é uma fantasia masculina (obsessiva), e não feminina (histérica): os homens são capazes de suportar sua integração na ordem simbólica somente quando essa integração é sustentada por uma referência oculta à fantasia do gozo excessivo e desenfreado, encarnado na injunção incondicional do supereu a gozar, a ir ao extremo, a transgredir e constantemente forçar o limite. Em suma, é nos homens que a integração à ordem simbólica é sustentada pela exceção do supereu.

Esse paradoxo do supereu também nos permite lançar uma nova luz sobre o funcionamento da cena artística atual. Sua característica básica não é apenas a deplorável mercadorização da cultura (objetos de arte produzidos para o mercado), mas também o movimento *oposto*, menos notado e talvez ainda mais crucial: a crescente *"culturalização" da própria economia de mercado*. Com a passagem para a economia terciária (serviços, bens culturais), a cultura é cada vez menos uma esfera isenta do mercado e cada vez mais não só uma das esferas do mercado, mas seu componente central (desde a indústria de softwares para o entretenimento até outras produções de mídia). Esse curto-circuito entre mercado e cultura gera um declínio da antiga lógica modernista e vanguardista de provocar, de chocar o *establishment*. Hoje, e cada vez mais, o próprio aparelho econômico-cultural, para poder reproduzir-se em condições de mercado competitivas, tem não só de tolerar, mas também de provocar diretamente efeitos e produtos surpreendentes. Pensemos nas tendências atuais das artes visuais: já se foi a época em que tínhamos simples

---

[2] As famigeradas "armas de destruição em massa" do Iraque oferecem outro exemplo do *objet petit a*: elas são uma entidade inapreensível, jamais especificada empiricamente, uma espécie de MacGuffin hitchcockiano que esperamos encontrar escondido nos lugares mais absurdos e improváveis, do deserto (bem lógico) aos porões (levemente irracionais) das residências presidenciais (de modo que, quando o lugar é bombardeado, pode envenenar Saddam e toda sua comitiva); supostamente existentes em grandes quantidades, embora magicamente transportadas pelos trabalhadores o tempo inteiro; e, quanto mais são destruídas, mais onipresentes e onipotentes são em sua ameaça, como se a remoção de sua maioria aumentasse num passe de mágica o poder destrutivo do resto – como tal, por definição, elas não podem ser encontradas e, portanto, são extremamente perigosas.

estátuas ou pinturas emolduradas; o que temos hoje são exposições de molduras sem pintura, vacas mortas e seus excrementos, vídeos do interior do corpo humano (endoscopia gástrica e colonoscopia), a inclusão de efeitos olfativos etc.[3]. Aqui, como no domínio da sexualidade, a perversão não é mais subversiva: esses excessos chocantes fazem parte do próprio sistema, que se alimenta deles para se reproduzir. Esta talvez seja uma definição possível da arte pós-moderna em oposição à arte moderna: no pós-modernismo, o excesso transgressor perde seu valor de choque e é totalmente integrado no mercado de arte estabelecido[4].

Outra maneira de colocar o mesmo argumento seria enfatizar como, na arte de hoje, a lacuna que separa o espaço sagrado da beleza sublime e o espaço excrementoso do lixo (a sobra) é cada vez menor, aproximando a identidade paradoxal dos opostos: os objetos de arte moderna não são cada vez mais objetos excrementosos, lixo (muitas vezes em sentido bem literal: fezes, corpos em putrefação etc.), expostos no *lugar* sagrado da Coisa – feitos para ocupá-lo, para preenchê-lo? E essa identidade não é, de certo modo, a "verdade" oculta de todo o movimento? Cada elemento que reivindica o direito de ocupar o lugar sagrado da Coisa não é, por definição, um objeto excrementoso, um pedaço de lixo que jamais estará "apto para a tarefa"? Essa identidade de determinações opostas (o objeto sublime esquivo e/ou o lixo excrementoso) – com a ameaça sempre presente de que uma se transformará na outra, de que o sublime Graal se revelará como nada mais do que um pedaço de merda – está inscrita no próprio núcleo do *objet petit a* lacaniano.

---

[3] Essa tendência costuma levar à confusão cômica entre obra de arte e objeto cotidiano, ou vice-versa. Recentemente, na Potsdamer Platz, o maior canteiro de obras de Berlim, o movimento coordenado de dezenas de gigantescos guindastes se transformou em performance artística – sem dúvida, visto por muitos transeuntes desinformados como parte de uma intensa atividade de construção... Eu mesmo cometi a gafe oposta durante uma viagem a Berlim: percebi ao longo e acima de todas as ruas principais vários tubos e canos azuis, grandes, como se a intricada rede de água, telefone, eletricidade etc. não estivesse mais oculta no subsolo, mas exibida em público. Minha reação, é claro, foi imaginar que aquilo era provavelmente mais uma daquelas exposições artísticas pós-modernas cujo objetivo seria revelar os intestinos da cidade, seu maquinário interno oculto, algo equivalente a mostrar em vídeo os movimentos de nosso estômago ou nossos pulmões – vi, no entanto, que estava errado quando amigos me disseram que aquilo simplesmente fazia parte da manutenção e do reparo da rede subterrânea da cidade.

[4] Vale notar que a teoria lacaniana, com sua ligação entre o mais-gozar e o mais-valor, oferece o melhor quadro teórico para apreender essa nova tendência, com respeito ao fato de que uma das críticas comuns a Lacan é que sua teoria é abstrata, protokantiana, lida com o sistema simbólico a-histórico, não tem ciência das condições sócio-históricas concretas de seu problema principal. Podemos ver, a propósito de nosso exemplo, em claro contraste com essa crítica, que os estudos culturais que celebram novas formas múltiplas e perversas de produção artística não levam suficientemente em conta o fato de que esses fenômenos são fundamentados no capitalismo global e em sua mercadorização acelerada – é a teoria lacaniana que nos permite conceituá-lar plenamente essa ligação, re-historicizar com eficácia os temas dos estudos culturais.

Em sua dimensão mais radical, esse impasse é o impasse que afeta o processo da sublimação – não no sentido comum de que a produção artística não é mais capaz de gerar objetos apropriadamente "sublimes", mas num sentido muito mais radical: a própria matriz fundamental da sublimação, a do Vazio central, o lugar esvaziado ("sagrado") da Coisa livre do circuito da economia cotidiana, o qual é então preenchido por um objeto positivo que, a partir daí, é "elevado à dignidade de Coisa" (definição lacaniana de sublimação), parece estar cada vez mais em perigo; o que corre perigo é a própria lacuna entre o Lugar vazio e o elemento (positivo) que o preenche. Então, se o problema da arte tradicional (pré-moderna) era como preencher o sublime Vazio da Coisa (o puro Lugar) com um objeto adequadamente belo – como ter êxito na elevação de um objeto comum à dignidade de Coisa –, o problema da arte moderna é, de certo modo, o oposto (e muito mais desesperado): não podemos mais contar com a existência do Vazio do Lugar (sagrado) oferecendo-se para ser ocupado por artefatos humanos, logo a tarefa é sustentar o Lugar como tal, garantir que esse próprio Lugar "tenha lugar" – em outras palavras, o problema não é mais o *horror vacui*, preencher o Vazio, mas sim *criar* o Vazio, em primeiro lugar. Sendo assim, a codependência entre *lugar vazio, não ocupado*, e objeto esquivo, extremamente móvel, um *ocupante sem lugar*, é crucial[5].

A questão não é haver simplesmente o excedente de um elemento em relação aos lugares disponíveis na estrutura ou o excedente de um lugar que não tem elemento para preenchê-lo – um lugar vazio na estrutura ainda sustentaria a fantasia de um elemento que surgirá e preencherá esse lugar; um elemento excessivo que carece de lugar ainda sustentaria a fantasia de um lugar desconhecido até o momento que espera esse elemento. A questão é, antes, que o lugar vazio na estrutura é em si *correlato* ao elemento errante que carece de seu lugar: não se trata de dois entes diferentes, mas do verso e reverso do mesmo ente – ou seja, um único e o mesmo ente inscrito nas duas superfícies de uma fita de Moebius. Em outras palavras, o paradoxo é que *somente um elemento que esteja totalmente "fora do lugar"* (um objeto excrementoso, um pedaço de "lixo" ou resto) *pode sustentar o vazio de um lugar sem nada*, ou seja, a situação mallarmiana na qual *"rien n'aura eu lieu que le lieu"* ["nada terá tido lugar senão o lugar"] – quando esse elemento excessivo "encontra seu próprio lugar", deixa de existir qualquer puro Lugar que se diferencia dos elementos que o preenchem[6].

---

[5] Gilles Deleuze, *Lógica do sentido* (trad. Luiz Roberto Salinas Fortes, São Paulo, Perspectiva, 1974), p. 44; ver também o capítulo 5 de Slavoj Žižek, *As metástases do gozo*, cit.

[6] Talvez uma das maneiras de imaginar essa noção de "nada ter lugar senão o lugar" seja a experiência de ver que o papel expelido do fax está branco: essa brancura significa que a máquina simplesmente *não está funcionando*, que o texto impresso no papel inserido na outra máquina não foi transmitido *ou* que a pessoa do outro lado (por engano, decerto) inseriu *uma folha em branco* na máquina (ou inseriu o papel do lado errado)? Não temos aqui uma espécie de equivalente

Outra maneira de abordar essa tensão entre o Objeto e o Vazio seria por meio de diferentes modalidades de *suicídio*. Em primeiro lugar, existe, é claro, o suicídio como ato "transmissor de uma mensagem" (protesto contra a desilusão política, erótica etc.), que, como tal, visa ao Outro (por exemplo, suicídios políticos, como atear fogo no próprio corpo para chocar e despertar o público indiferente). Embora envolva a dimensão do simbólico, esse suicídio é, em sua forma mais fundamental, *imaginário* – pela simples razão de que o sujeito que o realiza é apoiado pela cena *imaginada* do efeito que seu ato terá sobre a posteridade, as testemunhas, o público, as pessoas que souberem dele; a satisfação narcísica dada por essa imaginação é óbvia. Em segundo lugar, há o suicídio no *Real*: a violenta passagem ao ato [*passage à l'acte*], a identificação plena e direta do sujeito com o objeto. Ou seja, para Lacan, o sujeito ($ – o sujeito "barrado", vazio) e o objeto-causa de seu desejo (o resto que encarna a falta que "é" o sujeito) são estritamente correlatos: só há sujeito na medida em que há um resto/mancha que *resiste* à subjetivação, um excedente no qual, precisamente, o sujeito *não pode* se reconhecer. Em outras palavras, o paradoxo do sujeito é que ele só existe por causa de sua própria impossibilidade radical, por causa de uma "espinha na garganta" que para sempre o impede (o sujeito) de atingir sua identidade ontológica plena.

Então, temos aqui a estrutura da fita de Moebius: o sujeito é correlato ao objeto, mas de maneira negativa – sujeito e objeto jamais se "encontram"; estão no mesmo lugar, mas em lados opostos da fita de Moebius. Ou, em termos filosóficos, sujeito e objeto são idênticos no sentido hegeliano da identidade/coincidência especulativa dos postos radicais: quando Hegel exalta a verdade especulativa da tese materialista vulgar da frenologia ("O espírito é um osso"), seu argumento não é que o espírito pode ser reduzido, na verdade, à forma do crânio, mas que só existe um espírito (sujeito) na medida em que existe um osso (um material inerte, um resto/sobra não espiritual) que *resiste* a sua suprassunção-apropriação-mediação espiritual. Sujeito e objeto, portanto, não são simplesmente externos: o objeto não é o limite externo com relação ao qual o sujeito define sua identidade de si, ele é o ex-timo\* com relação ao sujeito, é seu limite *interno* – ou seja, a barra que evita a plena realização do sujeito.

---

    mecânico da distinção nietzschiana entre "querer nada" e "[ativamente] querer o próprio nada"? – o papel em branco pode significar "a mensagem não foi transmitida" ou "o vazio que vemos *é* a mensagem enviada pelo remetente". Como decidimos? Olhando cuidadosamente o papel: se nele houver manchas minúsculas, restos materiais insignificantes, isso significa que o vazio *é* a mensagem, ou seja, que "nada teve lugar senão o lugar" – e não que "o nada teve lugar", pois, de certo modo, o próprio espaço vazio teve lugar.

\* Lacan apresenta a articulação do interno com o externo por meio de um neologismo: une o prefixo *ex* à palavra *intime* [íntimo], formando *ex-time* [ex-timo] para representar o que há de mais íntimo no sujeito e, ao mesmo tempo, exterior a ele. (N. T.)

O que acontece na passagem ao ato suicida, no entanto, é precisamente a identificação *direta* do sujeito com o objeto: o objeto não é mais "idêntico" ao sujeito no sentido da identidade especulativa hegeliana entre processo dialético e o próprio obstáculo que sustenta esse processo – eles coincidem *diretamente*, encontram-se no *mesmo* lado da fita de Moebius. Isso significa que o sujeito não é mais o puro Vazio da negatividade ($), o desejo infinito, o Vazio em busca do objeto ausente, mas sim que ele "incide" diretamente no objeto, torna-se o objeto; e – vice-versa – o objeto (causa do desejo) não é mais a materialização do Vazio, uma presença espectral que apenas dá corpo à falta que sustenta o desejo do sujeito, mas adquire existência positiva direta e consistência ontológica. Nos termos da mínima lacuna entre o Objeto e seu Lugar, o Vazio/Clareira dentro do qual o objeto aparece: na passagem ao ato suicida, não é que o objeto se desprenda de sua moldura, de modo que temos apenas o vazio enquadrado, sem nada (isto é, de modo que "nada tem lugar senão o lugar"); o que acontece, na verdade, é o exato oposto – o objeto ainda está lá; é o Lugar-Vazio que desaparece; ele é a moldura que incorre naquilo que emoldura, então o que ocorre é o eclipse da abertura simbólica, o fechamento total do Real. Como tal, a passagem ao ato suicida não é a mais alta expressão da pulsão de morte; ao contrário, é o exato oposto da pulsão de morte.

Para Lacan, sublimação criativa e pulsão de morte são estritamente correlatas: a pulsão de morte esvazia o Lugar (sagrado), cria a Clareira, o Vazio, a Moldura, que é então preenchido pelo objeto "elevado à dignidade de Coisa". Encontramos aqui o terceiro tipo de suicídio: o "suicídio" que define a pulsão de morte, o suicídio *simbólico* – não no sentido de "não morrer realmente, mas apenas simbolicamente", e sim no sentido mais preciso do apagamento da rede simbólica que define a identidade do sujeito, do corte de todas as ligações que ancoram o sujeito em sua substância simbólica. Aqui, o sujeito se encontra totalmente privado de sua identidade simbólica, lançado na "noite do mundo", na qual seu único correlato é o mínimo de uma sobra excrementosa, um pedaço de lixo, um cisco no olho, um *quase nada* que sustenta o puro Lugar-Moldura-Vazio, de modo que, finalmente, "nada tem lugar senão o lugar". Assim, a lógica de exibir um objeto excrementoso no Lugar sublime é similar ao modo de funcionamento do juízo infinito hegeliano de que "o espírito é um osso". Nossa primeira reação a "o espírito é um osso" de Hegel é: "Mas não faz sentido – o espírito, sua negatividade absoluta, autorrelativa, é o exato *oposto* da inércia de um crânio, esse objeto morto!". No entanto, essa própria consciência da total incongruência entre "espírito" e "osso" é o "Espírito", sua negatividade radical. Seguindo esse mesmo raciocínio, nossa primeira reação ao vermos fezes no Lugar sublime é perguntar, indignados: "*Isso é arte?*". É precisamente essa reação negativa, essa experiência da incongruência radical entre o objeto e o Lugar que ele ocupa, que nos faz conscientes da especificidade desse Lugar.

De fato, como Gérard Wajcman sugere em seu extraordinário livro *L'objet du siècle*[7], o grande esforço da arte moderna não está concentrado em como manter a estrutura mínima da sublimação, a lacuna mínima entre o Lugar e o elemento que o ocupa? Não é por isso que *Quadrado negro sobre fundo branco*, de Kazimir Malevich, expressa o esforço da arte em sua forma mais elementar, reduzido à crua distinção entre o Vazio (o fundo/a superfície brancos) e o elemento (a mancha material "pesada" do quadrado)? Ou seja, devemos sempre ter em mente que o mesmo tempo verbal (*futur antérieur*) da famosa frase de Mallarmé ("*rien n'aura eu lieu que le lieu*") deixa claro que estamos lidando com um estado utópico que, por razões estruturais aprioristicas, jamais pode ser realizado no tempo presente (jamais haverá um tempo presente em que "só o próprio lugar terá lugar"). Não é apenas que o Lugar que ele ocupa confere dignidade sublime a um objeto; é também que a presença desse objeto sustenta o Vazio do Lugar Sagrado, de modo que o próprio Lugar nunca *tem lugar*, mas é sempre algo que, retroativamente, "terá tido lugar" depois de ter sido perturbado por um elemento positivo. Em outras palavras, se subtraímos do Vazio o elemento positivo, o "pedacinho de realidade", a mancha excessiva que perturba seu equilíbrio, não temos o puro Vazio equilibrado "como tal" – antes, é o próprio Vazio que desaparece, deixa de estar lá. Portanto, a razão de excrementos serem elevados a obra de arte, usados para preencher o Vazio da Coisa, não é apenas demonstrar que "vale tudo", que em última análise o objeto é irrelevante, já que qualquer objeto pode ser elevado e ocupar o Lugar da Coisa; esse recurso ao excremento atesta, antes, uma estratégia desesperada para comprovar que o Lugar Sagrado ainda existe.

O problema é que, hoje, no duplo movimento da mercadorização progressiva da estética e da estetização do universo das mercadorias, um objeto "belo" (esteticamente agradável) é cada vez menos capaz de sustentar o Vazio da Coisa – é como se, paradoxalmente, a única maneira de sustentar o Lugar (Sagrado) fosse enchê-lo de lixo, com um objeto excrementoso. Em outras palavras, são os artistas atuais que exibem objetos excrementosos como objetos de arte que, longe de minar a lógica da sublimação, estão lutando desesperadamente para *salvá-la*. E as consequências do colapso do elemento no Vazio do próprio Lugar são potencialmente catastróficas: sem a lacuna mínima entre o elemento e seu Lugar, simplesmente não há ordem simbólica. Ou seja, habitamos a ordem simbólica apenas na medida em que cada presença surge contra o pano de fundo de sua possível ausência (é isso que Lacan tem em mente com sua noção do significante fálico como significante da castração: esse significante é o "puro" significante, o significante "como tal", em sua forma mais elementar, na medida em que sua própria presença representa, evoca *sua própria* ausência/falta possível).

---

[7] Ver Gérard Wajcman, *L'objet du siècle* (Lagrasse, Verdier, 1998).

Talvez a definição mais sucinta da ruptura modernista na arte seja que, por meio dela, a tensão entre o Objeto (de arte) e o Lugar que ele ocupa é refletidamente levada em conta: o que torna um objeto uma obra de arte não são simplesmente suas propriedades materiais diretas, mas o lugar que ele ocupa, o Lugar (Sagrado) do Vazio da Coisa. Em outras palavras, com a arte moderna, certa inocência se perde para sempre: não podemos mais fingir que produzimos objetos que, em virtude de suas propriedades – ou seja, independentemente do lugar que ocupam –, "são" obras de arte. Por isso, a arte moderna está para sempre cindida entre os dois extremos representados, em suas próprias origens, por Kazimir Malevich e Marcel Duchamp: de um lado, a marca puramente formal da lacuna que separa o Objeto de seu Lugar (*Quadrado negro sobre fundo branco*); de outro, a exibição de um objeto manufaturado comum do cotidiano (uma bicicleta) como obra de arte, como que para provar que o que constitui a arte depende não das qualidades do objeto de arte, mas exclusivamente do Lugar que esse objeto ocupa, de modo que qualquer coisa, até merda, pode "ser" obra de arte se estiver no Lugar certo. E qualquer coisa que se faça depois da ruptura modernista, mesmo que seja o retorno do falso neoclassicismo *à la* Arno Brekker, já é "mediada" por essa ruptura.

Tomemos como exemplo um "realista" do século XX, como Edward Hopper: (ao menos) três características de sua obra atestam essa mediação. Primeiro, a bem conhecida tendência de Hopper a pintar habitantes da cidade à noite, sozinhos em um ambiente excessivamente iluminado, vistos de fora, através da janela – ainda que a janela que enquadra o objeto não exista, a pintura é feita de tal maneira que o espectador é levado a imaginar uma moldura imaterial invisível separando-o dos objetos pintados. Segundo, o modo como os quadros de Hopper, por serem pintados com tanto hiper-realismo, produzem no observador um efeito de desrealização, como se estivéssemos diante de coisas oníricas, espectrais, etéreas, coisas materiais incomuns (como a grama branca em suas pinturas rurais). Terceiro, o fato de a série de pinturas que retratam sua esposa sentada sozinha em um quarto fortemente iluminado pelo sol, olhando por uma janela aberta, ser experimentada como fragmento desequilibrado de uma cena global, pedindo um complemento, referindo-se a um espaço de fora, como se fosse o fotograma de um plano cinematográfico sem o contraplano (e, de fato, dizem que as pinturas de Hopper já são "mediadas" pela experiência cinemática).

Nesse sentido preciso, ficamos tentados a reafirmar a contemporaneidade do modernismo artístico com o stalinismo na política: com a exaltação stalinista do "líder sábio", a lacuna que separa o objeto de seu lugar também é levada ao extremo e, assim, de certo modo, refletidamente levada em conta. Em seu ensaio fundamental "On the Problem of the Beautiful in Soviet Art" [Sobre o problema do belo na arte soviética] (1950), o crítico soviético G. Nedoshivin afirmou: "Entre toda a matéria bela da vida, o primeiro lugar deveria ser ocupado pelas imagens de nossos grandes líderes [...]. A beleza sublime dos líderes [...] é a base para a correspondência entre o 'belo' e o 'verdadeiro' na arte do realismo socialista"[8].

Como devemos entender essa lógica que, por mais ridícula que pareça, funciona até hoje com Kim Jong-il na Coreia do Norte[9]? Essas caracterizações não se referem às propriedades reais do Líder – a lógica aqui é a mesma da Dama no amor cortês, que, como enfatizou Lacan, é abordada como Ideal abstrato, de tal forma que os "autores puderam notar que todos [os poetas] parecem dirigir-se à mesma pessoa [...]. Nesse campo poético, o objeto feminino é esvaziado de toda substância real"[10]. Esse caráter abstrato da Dama indica a abstração que é própria de um parceiro frio, distante, desumano – ela não é de modo algum um semelhante caloroso, compassivo, compreensivo:

> A criação da poesia consiste em colocar, segundo o modo da sublimação próprio à arte, um objeto que eu chamaria de enlouquecedor, um parceiro desumano.
> Jamais a Dama é qualificada por tais de suas virtudes reais e concretas, por sua sabedoria, sua prudência, ou até mesmo sua pertinência. Se é qualificada de sábia, não é por participar de uma sabedoria imaterial, a qual ela representa mais do que exerce funções. No entanto, ela é tão arbitrária quanto possível nas exigências de prova que impõe a seu servidor.[11]

Não acontece o mesmo com o Líder stalinista? Quando é aclamado como sublime e sábio, ele também não "representa mais do que exerce funções"? Ninguém diria que Malenkov, Beria e Kruschev foram exemplos de beleza masculina – a questão é simplesmente que eles "representavam" a função da beleza... (Em contraste com o Líder stalinista, o psicanalista é *"objetivamente" feio*, ainda que, na verdade, seja uma pessoa bonita ou sexualmente atraente: na medida em que ocupa o lugar impossível do abjeto, do resto excrementoso da ordem simbólica, ele *"representa" a função da feiura*.) Nesse sentido, a denominação do Líder stalinista como "sublime" deve ser tomada ao pé da letra, em sentido lacaniano estrito: sua sabedoria, sua generosidade, seu calor humano etc. são pura representação encarnada pelo Líder, que só pode ser chamado de "enlouquecedor, um parceiro desumano" – não uma autoridade simbólica que obedece a uma Lei, mas sim uma Coisa caprichosa que é "tão arbitrária quanto possível nas exigências de prova que impõe a seus servidores". Desse modo, o preço que o Líder stalinista paga por sua elevação

---

[8] Citado em Julia Hell, *Post-Fascist Fantasies* (Durham, Duke University Press, 1977), p. 32.
[9] Kim Jong-il é aclamado pela propaganda oficial como "engenhoso" e "poético" – um exemplo de sua poesia: "Assim como os girassóis só florescem e prosperam quando voltados para o sol, as pessoas só prosperam quando voltadas para o líder!".
[10] Jacques Lacan, *O seminário*, livro 7: *A ética da psicanálise* (2. ed., trad. Antonio Quinet, Rio de Janeiro, Zahar, 2008), p. 181.
[11] Ibidem, p. 182-3.

a sublime objeto da beleza é sua "alienação" radical: assim como acontece com a Dama, a "pessoa real" é efetivamente tratada como apêndice da Imagem pública fetichizada e celebrada. Não surpreende que a prática do retoque fosse tão comum nas fotografias oficiais, e com uma inépcia muitas vezes tão clara que é difícil acreditar que não tenha sido intencional – como que para mostrar que a "pessoa real", com todas as suas idiossincrasias, devia ser totalmente substituída por sua efígie canhestra e alienada. (Um dos boatos a respeito de Kim Jong-il é que, na verdade, ele morreu em um acidente de carro há alguns anos, e que, depois disso, um sósia o substituiu em suas raras aparições públicas para que o povo tivesse um rápido vislumbre do objeto de sua adoração – essa não seria a melhor confirmação possível de que a "personalidade real" do Líder stalinista é totalmente *irrelevante*, um objeto substituível, já que não importa quem tem o poder efetivo, se o líder "real" ou seu duplo?) Essa prática de elevar uma figura comum a ideal de Beleza – de reduzir a beleza a uma noção puramente funcional – não é estritamente correlata ao ato moderno de elevar um objeto excrementoso cotidiano "feio" a obra de arte[12]?

Uma das maneiras mais esclarecedoras de localizar essa ruptura entre a arte tradicional e a arte moderna seria por meio da referência à pintura que de fato ocupa o lugar do "mediador evanescente" entre elas: a (mal-)afamada *A origem do mundo*, de Gustave Courbet, um torso feminino nu, excitado e despudoradamente exposto, com foco na genitália. Essa pintura, que desapareceu durante quase cem anos, foi enfim encontrada – de modo bastante apropriado – entre os pertences de Lacan depois de sua morte[13]. *A origem do mundo* expressa o impasse (ou beco sem saída) da pintura realista tradicional, cujo derradeiro objeto – jamais exibido plena e diretamente, mas sempre aludido, apresentado como uma espécie de ponto de referência subjacente, a começar ao menos por *Draughtsman Drawing a Recubent Woman*, de Albrecht Dürer – era, obviamente, o corpo feminino nu e totalmente sexualizado como objeto definitivo do desejo e do olhar masculinos. Aqui, o corpo feminino exposto funcionou de maneira semelhante à referência subjacente ao ato sexual nos filmes clássicos de Hollywood, mais bem descrita pela famosa instrução do magnata do cinema, Monroe Stahr, a seus roteiristas em *O último magnata*, de Scott Fitzgerald:

---

[12] É contra esse pano de fundo que devemos avaliar as primeiras pinturas (soviéticas) de Komar e Melamid, como exemplificado por seu *Stalin e as musas*; eles combinam em uma única pintura duas noções incompatíveis de beleza: a "real" – ideia classicista de belo da Grécia Antiga e o ideal perdido da inocência orgânica (as musas) – e a puramente "funcional" do líder comunista. Seu efeito ironicamente subversivo não reside apenas na incongruência e no contraste grotesco entre os dois níveis, mas – talvez ainda mais – na suspeita de que a própria beleza, na Grécia Antiga, não era tão "natural" quanto nos parece, mas condicionada por uma estrutura funcional.

[13] Para essa referência a Courbet, baseio-me extensivamente em Charity Scribner, *Working Memory: Mourning and Melancholia in Postindustrial Europe* (Dissertação de Mestrado, Nova York, Columbia University, 2000).

O tempo inteiro e a qualquer momento em que ela estiver na tela, à nossa frente, vai estar querendo dormir com Ken Willard. [...] O que quer que ela faça, será visando ir pra cama com Ken Willard. Se estiver caminhando pela rua, é para ir dormir com Ken Willard; se estiver comento, é pra estar mais disposta na hora de dormir com Ken Willard. *Mas* em momento algum passamos a impressão de que ela sequer considera ir para cama com Ken Willard, a menos que a união dos dois tenha sido adequadamente sacramentada.[14]

Desse modo, o corpo feminino exposto é o objeto impossível que, justamente por ser irrepresentável, funciona como horizonte definitivo da representação cuja abertura é para sempre adiada – em suma, como Coisa incestuosa lacaniana. Sua ausência, o Vazio da Coisa, é então preenchida por imagens "sublimadas" de corpos femininos belos, mas não totalmente expostos – por corpos que sempre mantêm uma mínima distância da Coisa. Mas o ponto crucial (ou melhor, a ilusão subjacente) da pintura tradicional é que o "verdadeiro" corpo nu incestuoso está lá, esperando para ser descoberto – em suma, a ilusão do realismo tradicional não está na reprodução fiel dos objetos retratados, mas na crença de que *por trás* dos objetos representados *está* a Coisa absoluta que só poderia ser possuída se fôssemos capazes de eliminar os obstáculos ou as proibições que impedem o acesso a ela.

Courbet realiza aqui o gesto da *dessublimação* radical: ele assumiu o risco e simplesmente foi até o fim, *retratando de forma direta* aquilo a que a arte realista anterior apenas aludia como ponto de referência distante – o resultado dessa operação, é claro, foi (em termos kristevianos) a reversão do objeto sublime em abjeto, em um abominável e repugnante lodo excrementoso. (Mais precisamente, Courbet continuou ocupando habilmente o limite impreciso que separa o sublime do excrementoso: o corpo da mulher em *A origem do mundo* mantém toda sua atração erótica, embora se torne repulsivo justamente por conta da atração excessiva.) O gesto de Courbet, portanto, é um beco sem saída, o beco sem saída da pintura realista tradicional – mas, justamente como tal, é um "mediador" necessário entre a arte tradicional e a arte moderna; ou seja, representa um gesto que *teria de ser realizado* se fôssemos "limpar o terreno" para o surgimento da arte "abstrata" moderna.

Com Courbet, acaba o jogo de referir-se ao objeto incestuoso "realista" eternamente ausente, a estrutura da sublimação entra em colapso, e a tarefa do modernismo é restabelecer a matriz da sublimação (a lacuna mínima que separa o Vazio da Coisa do objeto que o preenche) fora dessa coerção "realista", ou seja, fora da crença na presença real da Coisa incestuosa por trás da superfície enganadora da pintura. Em outras palavras, com Courbet, aprendemos que não existe Coisa por trás de sua aparência sublime – se forçarmos nossa entrada através da

---

[14] Francis Scott Fitzgerald, *O último magnata* (trad. Christian Schwartz, São Paulo, Companhia das Letras, 2013), p. 63.

aparência sublime da própria Coisa, tudo o que encontraremos é uma náusea sufocante do abjeto; portanto, a única maneira de restabelecer a estrutura mínima da sublimação é representar diretamente *o próprio Vazio*, a Coisa como Vazio-Lugar-Moldura, sem a ilusão de que esse Vazio seja sustentado por um Objeto incestuoso oculto[15]. Agora entendemos exatamente em que sentido – por mais paradoxal que pareça – *Quadrado negro sobre fundo branco*, de Malevich, como pintura seminal do modernismo, é o verdadeiro contraponto à obra *A origem do mundo* (ou sua reversão): com Courbet, temos a própria Coisa incestuosa que ameaça arrasar a Clareira, o Vazio em que os objetos (sublimes) aparecem (ou podem aparecer), ao passo que, com Malevich, temos o exato oposto, a matriz da sublimação em sua forma mais elementar, reduzida à simples marcação da distância entre o primeiro plano e o fundo, entre um objeto (quadrado) totalmente "abstrato" e o Lugar que o contém. A "abstração" da pintura moderna, portanto, deveria ser vista como reação à presença evidente do objeto "concreto" definitivo, a Coisa incestuosa, que a transforma em abjeto repugnante – ou seja, transforma o sublime em excesso excrementoso[16].

Nesse aspecto, a tarefa da análise materialista histórica é localizar todas essas determinações demasiado formais em seu contexto histórico concreto. Primeiro, é claro, há a estetização do universo das mercadorias mencionada anteriormente: o resultado é que – colocando em termos algo patéticos –, hoje, o verdadeiro lixo são os objetos "belos" com os quais somos constantemente bombardeados de todos os lados; consequentemente, a única maneira de escapar do lixo é colocar *o próprio lixo* no lugar sagrado do Vazio. No entanto, a situação é mais complexa. Por um lado, há a experiência das catástrofes (reais ou fantasiadas) globais (da catástrofe nuclear ou ambiental ao Holocausto), cujo impacto traumático é tão forte que elas não podem mais ser concebidas como eventos simples que acontecem *dentro* do

---

[15] Outra maneira de abordar o beco sem saída da arte pré-moderna talvez esteja no movimento pré-rafaelita: a beleza sublime de suas pinturas, perigosamente próximas do kitsch, é, por assim dizer, minada de dentro pela ênfase excessiva nos detalhes – o primeiro efeito da beleza sublime e etérea começa a se desintegrar à medida que o sujeito se torna ciente, pouco a pouco, dos detalhes intensos que parecem ter vida própria e assim introduzem de alguma maneira um traço de vulgaridade voluptuosa e madura demais no todo da pintura.

[16] Essa passagem da expressão direta do incestuoso "objeto que se torna abjeto" à abstração está mais patentemente em ação no desenvolvimento artístico de Mark Rothko, cujas famosas pinturas abstratas intensamente coloridas foram precedidas de uma série de retratos de sua mãe. Somos tentados a conceber as últimas pinturas abstratas do artista como um tipo de transposição em cores de *Quadrado negro sobre fundo branco*, de Malevich: as coordenadas espaciais básicas são as mesmas (quadrado central contra o fundo); a principal diferença é simplesmente que, na obra de Rothko, a cor não só escurece os contornos dos objetos desenhados, como também funciona como meio de desenhar, de apresentar esses contornos – Rothko não colore formas desenhadas, ele as desenha diretamente (ou melhor, *vê as* formas) com as cores.

horizonte/clareira sustentado pelo Vazio da Coisa – nelas, a própria Coisa não é mais ausente, ou seja, apresentada como Vazio, como pano de fundo dos eventos reais, mas ameaça tornar-se *diretamente* presente, efetivar-se na realidade e, assim, provocar um colapso psicótico do espaço simbólico. Por outro lado, a perspectiva de uma catástrofe global não era estranha ao século XX – então por que teve tanto impacto precisamente nesse século, e não antes? Outra vez, a resposta está na sobreposição progressiva da estética (espaço do belo sublime isento da troca social) à mercadorização (o próprio terreno da troca): é essa sobreposição e seu resultado, o esgotamento da própria capacidade de sublimar, que transforma cada encontro com a Coisa em uma catástrofe global destruidora, o "fim do mundo". Não surpreende, portanto, que na obra de Andy Warhol o objeto cotidiano e trivial que ocupa o Lugar sublime de uma obra de arte seja nada mais do que uma fileira de garrafas de Coca-Cola.

# 4
## Do *tragique* ao *moque-comique*

As consequências intersubjetivas desse processo não são menos conclusivas. Por estar focalizado no excedente do *objet petit a*, o capitalismo não é mais o domínio do discurso do Mestre. É aqui que Lacan entra e parafraseia em seus próprios termos a velha questão marxiana, presente no *Manifesto*, de como o capitalismo dissolve todas as relações estáveis e as tradições; como, em seu ataque violento, "tudo o que era sólido e estável se desmancha no ar". O próprio Marx deixou claro que "tudo o que era sólido" não diz respeito apenas e principalmente a produtos materiais, mas também à estabilidade da ordem simbólica que possibilita aos sujeitos uma identificação. Portanto, de um lado, em vez de produtos estáveis, destinados a durar várias gerações, o capitalismo introduz a dinâmica estontante da obsolescência: somos bombardeados por produtos cada vez mais novos, que às vezes se tornam obsoletos mesmo antes de seu uso ser totalmente difundido – computadores precisam ser substituídos todo ano se quisermos nos manter atualizados em relação a nossos colegas; discos de vinil deram lugar aos CDs e aos DVDs. É óbvio que o rescaldo dessa constante inovação é a produção permanente de montes de restos descartados:

> A principal produção da indústria capitalista moderna e pós-moderna é precisamente o lixo. Somos seres pós-modernos porque percebemos que o fim de todos os nossos artefatos de consumo esteticamente atraentes é a sobra, a ponto de transformarmos a terra em um vasto depósito de lixo. Perdemos o senso da tragédia, percebemos o progresso como derrisório.[1]

O anverso da incessante pulsão capitalista de produzir objetos cada vez mais novos é, portanto, a crescente pilha de lixo inútil, montanhas de carros e computadores

---

[1] Jacques-Alain Miller, "The Desire of Lacan", *Lacanian Ink* 14, primavera de 1999, p. 19.

usados, como o famoso "cemitério" de aviões no deserto de Mojave. Nessas pilhas cada vez maiores de "entulho" inerte e disfuncional, que nunca deixa de nos espantar com sua presença inútil e inerte, percebemos, por assim dizer, a pulsão capitalista em repouso. Eis o que interessa nos filmes de Andrei Tarkovsky, em particular em sua obra-prima *Stalker* e sua terra pós-industrial devastada: fábricas abandonadas invadidas pela vegetação, túneis de concreto e estradas cheias de poças de água parada, descampados por onde perambulam cães e gatos de rua. Aqui, a natureza e a civilização industrial se sobrepõem outra vez, mas por meio de uma queda comum – a civilização em decadência está mais uma vez em via de ser recuperada (não por uma Natureza harmoniosa idealizada, mas) pela natureza em decomposição. A paisagem tarkovskiana suprema é a da natureza úmida, um rio ou lago perto de uma floresta, cheio de detritos humanos (velhos blocos de concreto ou chapas de metal enferrujado). A grande ironia da história foi ter sido um diretor do Leste comunista quem demonstrou mais sensibilidade em relação a esse anverso da pulsão ao produto e ao consumo. Mas talvez essa ironia mostre uma necessidade mais profunda, que depende do que Heiner Müller chamou de "mentalidade de sala de espera" no Leste Europeu comunista:

> Era para ser anunciado: o trem chegará às 18h15 e partirá às 18h20 – mas não chegou às 18h15. Então, veio o anúncio seguinte: o trem chegará às 20h10. E assim por diante. Você continuou sentado lá, na sala de espera, pensando: "Com certeza ele chegará às 20h15". Era essa a situação. É basicamente um estado de expectativa messiânica. Há anúncios constantes da chegada iminente do Messias, e você sabe perfeitamente bem que ele não chegará. Mesmo assim, de algum modo, é bom ouvir de novo o anúncio de sua chegada.[2]

O importante dessa atitude messiânica, no entanto, não era a manutenção da esperança, mas o fato de que, como o Messias *não* chegava, as pessoas começavam a olhar ao redor e notar a materialidade inerte do ambiente, ao contrário do que acontecia no Ocidente, onde as pessoas se envolviam em uma atividade frenética permanente e nem sequer percebiam adequadamente o que acontecia ao redor:

> Como não havia aceleração na cultura, os cidadãos da República Democrática Alemã tinham um contato maior com a terra sobre a qual a sala de espera fora construída; presos nesse adiamento, experimentavam profundamente as idiossincrasias daquele mundo, todos os seus detalhes topográficos e históricos [...] enquanto os atrasos no Oriente permitiam que as pessoas acumulassem experiência, o imperativo de seguir adiante destruía qualquer potencial desse tipo no Ocidente: uma vez que seguir adiante é um tipo de morte que torna o mundo banal, esperar gera o acúmulo de substância.[3]

---

[2] Heiner Müller e Jan Hoet, "Insights into the Process of Production: A Conversation", *Documenta IX*, v. 1, Stuttgart, Cantz, 1992, p. 96-7.
[3] Charity Scribner, *Working Memory*, cit., p. 150.

O mesmo vale – como indica a última frase da citação de Jacques-Alain Miller – para as relações interpessoais: Miller formula essa mudança nos termos da passagem do Significante-Mestre para o *objet petit a*: no discurso do Mestre, a identidade do sujeito é garantida por S$_1$, o Significante-Mestre (seu mandato simbólico), a fidelidade àquilo que define a dignidade ética do sujeito. A identificação com o Significante-Mestre leva ao modo trágico de existência: o sujeito se esforça para manter sua fidelidade ao Significante-Mestre – digamos, à missão que dá significado e consistência a sua vida – até o fim, e sua tentativa acaba fracassando por causa do resto que resiste ao Significante-Mestre. Em contrapartida, há o sujeito inconstante e escorregadio que carece de qualquer apoio estável no Significante-Mestre e cuja consistência é sustentada pela relação com o puro resto/lixo/excesso, pela relação com algum pedacinho "indigno" e inerentemente cômico do Real; tal identificação com a sobra, é claro, introduz o modo cômico e trocista de existência, o processo paródico da constante subversão de todas as identificações simbólicas fixas.

O caso exemplar dessa passagem é o status modificado da trajetória edipiana: o que na Grécia Antiga era uma tragédia patética, com um herói que comete um assassinato e depois assume heroicamente suas consequências, transforma-se na modernidade em sua própria paródia trocista. Em seu seminário sobre a transferência, Lacan se refere à trilogia de Coûfontaine, de Paul Claudel, na qual o parricida edípico tem uma virada cômica: o filho atira no pai, mas erra, e o pai assustado e indignado simplesmente morre de ataque cardíaco[4]. (Não seria possível, nesse sentido preciso, dizer que *Édipo em Colono*, com relação a *Édipo rei**, foi de certa forma o primeiro exemplo da passagem do *tragique* para o *moque-comique*?) Como indica Lacan, no entanto, paradoxalmente essa falta da tragédia propriamente dita torna a condição moderna ainda mais horripilante: o fato é que, apesar de todos os horrores, do Gulag ao Holocausto, não existem mais tragédias propriamente ditas desde o advento do capitalismo. As vítimas dos campos de concentração ou as vítimas dos julgamentos-espetáculos stalinistas não passavam por uma dificuldade propriamente trágica; sua situação não era isenta de aspectos cômicos, ou pelo menos ridículos, e, por essa razão, extremamente horripilantes. Existe um horror tão profundo que não é mais "sublimado" em dignidade trágica e, por isso, é acessível apenas por meio de uma imitação/duplicação paródica misteriosa da própria paródia.

Aqui, como em tantas outras questões, quem mostrou a saída foi Hegel. Ele, em sua famosa subseção sobre "o mundo do espírito alienado de si", na *Fenomenologia*, ofereceu a descrição definitiva da passagem do *tragique* ao *moque-comique*,

---

[4]  Ver Jacques Lacan, *O seminário*, livro 8: *A transferência* (trad. Dulce Duque Estrada, Rio de Janeiro, Zahar, 1992).

\*  Sófocles, *A trilogia tebana: Édipo rei, Édipo em Colono, Antígona* (trad. Mário da Gama Kury, 15. ed., Rio de Janeiro, Zahar, 2009). (N. E.)

mostrando como, no processo da mediação dialética, cada posição digna e "honrada" se transforma em seu oposto – a verdade da "consciência honrada" dedicada à tarefa ética sublime de servir ao Bem é a "consciência (vergonhosa) vil", manipuladora, servil, exploradora:

> O conteúdo do discurso que o espírito profere de si mesmo e sobre si mesmo é, assim, a inversão* de todos os conceitos e realidades, o engano universal de si mesmo e dos outros. Justamente por isso, o descaramento de enunciar essa impostura é a maior verdade. Esse discurso é [como] a extravagância do músico que "amontoava e misturava trinta árias – italianas, francesas, trágicas, cômicas – de todo tipo. Ora com voz grave descia até às profundezas, ora esganiçando falsetes rasgava a altura dos ares, adotando tons sucessivos: furioso, calmo, imperioso e brincalhão" (Diderot, *O sobrinho de Rameau*). Para a consciência tranquila, que põe honestamente a melodia do bem e do verdadeiro na igualdade dos tons – isto é, em *uma* nota [só] –, aparece esse discurso como "uma mixórdia de sabedoria e loucura, uma mescla de sagacidade e baixeza, de ideias tanto corretas como falsas: uma inversão completa do sentimento: tanto descaramento completo quanto total franqueza e verdade". [...] esse espírito inverte em seu discurso tudo quanto é monótono – porque esse igual a si é só uma abstração, mas em sua efetividade é a inversão em si mesma.[5]

Duas coisas devem ser enfatizadas sobre essa passagem memorável. Em primeiro lugar, a famosa "correção" que Marx faz à noção hegeliana de repetição histórica com a qual ele inicia *O 18 de brumário*** (a história se repete, primeiro como tragédia, depois como farsa) já está presente no próprio Hegel: em sua dança louca, o sobrinho de Rameau *repete*, como paródia, a *grandeza* do tio, o compositor renomado, assim como Napoleão III, o sobrinho, repete como farsa os feitos do tio, *o* Napoleão. Desse modo, já em Hegel os dois modos de repetição se enfrentam em uma tensão propriamente dialética: a repetição "séria", pela qual uma contingência histórica é "suprassumida" na expressão de uma necessidade histórica (Napoleão teve de perder duas vezes), e a repetição "cômica" que subverte a identificação trágica. Em segundo lugar, vemos com clareza como a *passagem* dialética opera em Hegel – como passamos do Em-si ao Para-si. Embora o discurso perverso do "sobrinho de Rameau" dê voz à verdade da "nobre consciência", sua admissão cínica e franca da culpa, não obstante, continua sendo falsa – ele é como um desonesto que acredita redimir-se ao reconhecer publicamente sua desonestidade (ou, somos tentados a acrescentar, como um professor de estudos culturais da academia ocidental, muito bem pago, que acredita que sua incessante

---

\* Em alemão, *Verkehrung*. A edição usada por Žižek o traduz por "perversão" (*perversion*), leitura adotada por ele nos parágrafos seguintes. (N. T.)
5 G. W. F. Hegel, *Fenomenologia do espírito*, cit., §522-3, p. 352-3.
\*\* Ed. bras.: trad. Nélio Schneider, São Paulo, Boitempo, 2011. (N. E.)

crítica autocondenatória ao eurocentrismo etc. da academia ocidental o livre de certa forma de ser nele implicado).

Aqui a culpa diz respeito à tensão entre o sujeito do enunciado e o sujeito da enunciação (a posição subjetiva *da qual* se fala); há uma maneira de contar uma mentira na forma de (dizer a) verdade, ou seja, na qual a plena e franca admissão da culpa é o maior engano, é *a* maneira de preservar intacta a posição subjetiva do sujeito, livre de culpa. Em suma, há uma maneira de *evitar* a responsabilidade e/ou a culpa *enfatizando* precisamente a própria responsabilidade ou *assumindo* a culpa prontamente e de maneira exagerada, como no caso do acadêmico branco e politicamente correto que enfatiza a culpa do falogocentrismo racista e usa essa admissão de culpa como estratagema para *não* encarar o modo como ele, enquanto intelectual "radical", encarna perfeitamente as relações de poder existentes a que ele pretende ser totalmente crítico. Assim – de volta ao *Rameau* de Diderot –, o problema com o sobrinho de Rameau não é que a negação perversa da "consciência honrada" de seu nobre tio seja radical e destrutiva demais, mas sim que, nesse mesmo excesso, ela *não seja radical o bastante*: o conteúdo perverso exagerado que parece explodir o nobre discurso do tio está ali para ocultar o fato de que, em ambos os casos, a posição subjetiva da enunciação *permanece a mesma*. Quanto mais franca for a admissão, inclusive reconhecendo abertamente a inconsistência da própria posição, mais falsa ela é – da mesma maneira, as confissões abertas dos mais íntimos detalhes sexuais etc. feitas nos *talk shows* de hoje não nos dizem *nada* sobre a verdade interior do sujeito (talvez porque, na verdade, não exista nada a ser dito).

Para tornar ainda mais clara a conexão com a crítica marxista da economia política: para o próprio Hegel, a subversão inerente da consciência vil encontra sua máxima expressão no *dinheiro*, um pedacinho insignificante da realidade (metal) que possui o poder mágico de inverter cada determinação – não importa quão honrada e elevada ela seja – a seu oposto, envolvendo-a em uma "dança louca" à qual nada resiste. Não admira que Hegel tenha em mente, como verdade especulativa de todo esse movimento da mediação da "consciência vil", o juízo infinito de que "O Si [*das Selbst*] é dinheiro [um pedaço de metal]"\*, uma nova versão do juízo infinito da frenologia "O espírito é um osso". Em ambos os casos, a dialética da frenologia, bem como a dialética da riqueza, a "liquefação" total de cada determinação sólida, a desintegração de cada característica simbólica determinada, culmina em seu oposto: na coincidência dialética da pura subjetividade, desse poder do negativo que dissolve cada determinação estável, com um objeto inerte e insignificante, uma sobra, o lixo (osso, dinheiro). Agora entendemos o que representa a resposta lacaniana à insistência de Derrida de que a categoria do sujeito, "de qualquer maneira que ela seja modificada, afetada de consciência ou inconsciência, [...] remeterá, por todo o fio

---

\* Colchetes de Slavoj Žižek. (N. E.)

de sua história, à substancialidade de uma presença impassível sob os acidentes ou à identidade do próprio na presença da relação a si"[6]: essa "substancialidade" não é a do próprio sujeito, mas a de seu contraponto objetal, de um resto/lixo excrementoso que *sustenta* precisamente o Sujeito *enquanto* vazio/vácuo/não-substancial. Então, *temos* de fato o sujeito vazio, não-substancial – no entanto, precisamente como tal, ele tem de ser sustentado pelo mínimo de uma mancha objetal "patológica" contingente, *objet petit a*. Esse objeto é o substituto paradoxal do Vazio da subjetividade; ele "é" o próprio sujeito em sua alteridade.

Todos nós conhecemos a resposta merecidamente famosa de Hegel à frase de Napoleão, "Ninguém é herói para seu criado de quarto": "não porque o herói não seja um herói, mas porque o criado de quarto é criado de quarto, com quem o herói nada tem a ver enquanto herói, mas enquanto homem que come, bebe e se veste"[7] – em suma, o olhar do criado é incapaz de perceber a dimensão histórico-mundial dos feitos públicos do herói. Aqui, a lição do *objet petit a* lacaniano como resto do Real é que Hegel tem de ser suplementado: para que os sujeitos tenham uma relação transferencial com seu herói, para que venerem uma pessoa como herói, a consciência da dimensão histórico-mundial dos feitos do herói não é suficiente; para que essa consciência se torne uma veneração verdadeira, ela tem de ser suplementada por algum detalhe do domínio "patológico" das fantasias idiossincráticas do herói – é somente esse "pedacinho da realidade", esse toque da "pessoa real" por trás da máscara pública (ponto fraco particular ou "fraqueza encantadora"), que transforma uma apreciação sem compromisso em veneração verdadeira. Desse modo, para que o herói funcione efetivamente como herói, o olhar íntimo do criado tem de dar suportea a sua imagem pública – ou, em lacanês, a patologia do *objet petit a* tem de dar suporte ao $S_1$, o Significante-Mestre, o mandato simbólico do herói. É como se, hoje, essa lógica fosse levada a sua conclusão autodestrutiva: não é que estejamos interessados simplesmente nas patologias privadas das figuras públicas nem que *esperemos* que as figuras públicas deem sinais claros de sua "humanidade comum" em público – a lição dos *talk shows* exibicionistas é que o próprio ato de confessar publicamente as idiossincrasias privadas mais íntimas (sexuais etc.) *como tal* pode tornar uma pessoa famosa, transformando-a em figura pública.

Hoje está na moda buscar o "verdadeiro si" – a resposta de Lacan é que cada sujeito é dividido entre *dois* "verdadeiros Sis". De um lado, há o Significante-Mestre que delineia os contornos do ideal de eu do sujeito, sua dignidade, seu mandato; de outro, há a sobra/o lixo excrementoso do processo simbólico, uma ridícula característica minuciada que sustenta o mais-gozar do sujeito – e o objetivo final da

---

[6] Jacques Derrida, *Gramatologia* (trad. Miriam Schnaiderman e Renato Janine Ribeiro, São Paulo, Perspectiva, 1973), p. 84.
[7] G. W. F. Hegel, *Fenomenologia do espírito*, cit., §665, p. 441-2.

psicanálise é permitir que o sujeito-analisando realize a passagem de $S_1$ a *objet petit a*, ou seja, que o sujeito, em um tipo de experiência "Tu és isto", identifique(-se com) o resto excrementoso que sustenta secretamente a dignidade de sua identificação simbólica. Consequentemente, essa é a passagem do *tragique* para o *moque-comique* – com a importante lição de que o *objet petit a* não é simplesmente esquivo e sublime, mas que, nele, o superior e o inferior são coincidentes: o *objet petit a* é justamente o nível zero da indiferença simbólica, o ponto em que o próprio Santo Graal é revelado como nada mais do que um pedaço de merda. E é importante notar como essa passagem da identificação simbólica para a identificação com o resto excrementoso inverte – realiza na direção oposta – o processo da identificação simbólica. Ou seja, o maior paradoxo da noção psicanalítica estrita da identificação *simbólica* é que, por definição, ela é equivocada, a *identificação com o modo pelo qual o(s) Outro(s) me percebe(m) mal*. Tomemos o exemplo mais elementar: como pai, sei que sou fraco e sem princípios; ao mesmo tempo, não quero decepcionar meu filho, que vê em mim aquilo que não sou: um sujeito digno e de princípios fortes, disposto a correr riscos por uma causa justa. Dessa maneira, eu me identifico com essa *má percepção* de mim mesmo e realmente "me torno eu mesmo" quando, na verdade, começo a agir de acordo com essa percepção equivocada (por vergonha de parecer ao meu filho como realmente sou, eu realizo atos heroicos). Em outras palavras, para explicar a identificação simbólica, não basta nos referirmos à oposição entre o modo como eu pareço aos outros e o modo como realmente sou: a identificação simbólica ocorre quando a maneira como pareço aos outros torna-se mais importante para mim do que a realidade patológica "por trás de minha máscara social", forçando-me a fazer coisas que eu jamais seria capaz de fazer "motivado por mim mesmo".

Então, como devemos entender a diferença entre as duas lacunas que caracterizam o processo simbólico: a lacuna entre o Significante-Mestre e a série de significantes "ordinários" ($S_1$ e $S_2$) e a lacuna mais radical entre o próprio domínio do significante (S) e seu resto/sua sobra objetal, o *objet petit a*? Há uma antiga piada racista, popular na ex-Iugoslávia, sobre um cigano examinado por um psiquiatra. Primeiro, o psiquiatra explica ao cigano o que são livre associações: você responde imediatamente com o que lhe vier à mente. Então o psiquiatra passa ao teste propriamente dito: ele diz "mesa", e o cigano responde "transar com a Fátima"; ele diz "céu", e o cigano responde de novo "transar com a Fátima"; e assim por diante, até que o psiquiatra explode. "Você não entendeu! Você tem de dizer o que lhe vem à mente, o que pensa quando eu digo a palavra!", e o cigano responde calmamente: "Sim, eu entendi, não sou estúpido; mas eu penso *o tempo todo* em transar com a Fátima!".

Essa piada racista, que demonstra claramente a estrutura da "universalidade abstrata" hegeliana, precisa ser complementada pela virada final de outra piada bem conhecida sobre o aluno que, questionado pelo professor de biologia a respeito de diferentes animais, sempre resume a resposta à definição de cavalo. "O que é um elefante?" "Um animal que vive na selva, onde não há cavalos. O cavalo é um mamífero doméstico, com quatro patas, usado para cavalgar, trabalhar nos campos ou puxar veículos." "O que é um peixe?" "Um animal que não tem pernas, diferente do cavalo. O cavalo é um mamífero doméstico..." "O que é um cachorro?" "Um animal que, diferente do cavalo, late. O cavalo é um mamífero doméstico...", e assim por diante, até que o professor desesperado pergunta ao aluno: "Tudo bem, o que é um *cavalo*?". Perplexo e totalmente desconcertado, o pobre aluno começa a resmungar e chora, incapaz de dar uma resposta.

Nessa mesma linha de raciocínio, o psiquiatra deveria ter dito "transar com a Fátima" ao cigano com fome de sexo; diante disso, sem dúvida, o pobre cigano teria tido uma crise de pânico – ou até de angústia – e seria incapaz de fazer qualquer associação. Por quê? Precisamente porque (e em contraste com a teoria do autoícone de Bentham, segundo a qual o objeto é o melhor ícone de si mesmo, ou seja, ele se assemelha a si mesmo) um cavalo *é* um cavalo; ele não *parece* nem *lembra* um cavalo; assim como "transar com a Fátima" *é* "transar com a Fátima", e não uma associação qualquer gerada pela ideia de "transar com a Fátima". O famoso paradoxo dos irmãos Marx ("Não importa se você se parece com Emmanuel Ravelli, porque você *é* Emmanuel Ravelli") envolve um curto-circuito ilegítimo. (Outra estrutura homóloga é a de uma tribo famosa, mencionada por Lévi-Strauss, cujos membros acreditam que todos os sonhos têm um significado sexual oculto – todos, isto é, *exceto* aqueles com conteúdo sexual explícito.)

Colocando em termos filosóficos, o que encontramos aqui é o anverso do famoso princípio de Leibniz segundo o qual, se duas coisas se assemelham perfeitamente, se todas as suas propriedades são indistinguíveis, elas também são numericamente idênticas – ou seja, são uma e a mesma coisa. A lição antileibniziana da lógica lacaniana do significante é que, como uma coisa não "se parece consigo mesma", a semelhança é, ao contrário, *o garantidor da não-identidade*. (Esse paradoxo explica o efeito estranho de encontrar um sósia: quanto mais ele olha para mim, mais fica aparente o abismo de sua alteridade.) Ou, em hegelês, a "unicidade" de uma coisa é fundamentada não em suas propriedades, mas na síntese negativa de um puro "Um" que exclui (relaciona-se negativamente com) todas as propriedades positivas; esse "um" que garante a identidade de uma coisa não reside em suas propriedades, pois, em última análise, é seu *significante*.

Então temos aqui a diferença entre a série de significantes ordinários e o elemento central ("cavalo", "transar com a Fátima"), que tem de continuar vazio para servir de princípio organizador subjacente da série. A estrutura homóloga da série e sua exceção são subjacentes à figura de Kali, deusa hindu da destruição – geralmente ela é representada como uma entidade assustadora, semelhante à Medusa, com dúzias de braços fazendo gestos agressivos. No entanto, como todo indiano sabe, a questão principal é que, entre esses braços, há um tipo de metamensagem oculta, uma minúscula mão aberta em um gesto pacificador, como que dizendo: "Não levem tão a sério todo esse ridículo espetáculo de horror! É apenas uma exibição de força; na verdade, não sou tão ameaçadora assim, amo vocês de verdade!". É esse sinal excepcional que temos de procurar em certas formas de agressividade.

Muito diferente dessa lacuna que separa o Significante-Mestre excepcional e a série de significantes ordinários é aquela que separa o processo interminável da própria diferenciação simbólica e o resto que "destoa" – a estrutura aqui é a da subdivisão *ad infinitum* (no sentido da "falsa infinidade" de Hegel) interrompida por uma súbita reversão. Em termos matemáticos, poderíamos dizer que chegamos ao fim quando as duas partes da divisão não são mais duas metades, partes do elemento prévio, quando não temos mais uma divisão entre alguma coisa e outra (alguma) coisa, mas sim uma divisão entre alguma coisa e *nada*; nos termos da lógica do significante, a divisão diacrítica progressiva de significantes termina quando chegamos a uma divisão que não é mais entre dois significados de uma díade significadora, mas uma divisão "reflexiva" entre o significante *como tal* e sua *ausência* – não mais entre $S_1$ e $S_2$, mas entre S(ignificante) como tal e \$, o vazio, a falta do significante, que "é" o próprio sujeito (barrado). Essa "barra" que é o sujeito significa precisamente que não existe significante para representá-lo de maneira adequada. E é aqui que entra o *objeto*: o que a psicanálise chama de "objeto" é precisamente um "preenchimento" fantasmático que cobre esse vazio da subjetividade, conferindo-lhe um semblante de ser. Essa estrutura é expressa à perfeição por uma terceira piada, dessa vez da atual Croácia, sobre o [ex-]presidente Franjo Tudjman [1990-1999].

De modo geral, piadas sobre ele contêm uma estrutura interessante para a teoria lacaniana. Por exemplo: por que é impossível brincar de esconde-esconde com Trudjman? Porque, se ele se escondesse, ninguém se daria ao trabalho de procurá-lo... Um ponto libidinal interessante sobre como o ato de se esconder só funciona se as pessoas de fato quiserem procurar quem se escondeu. Mas o exemplo definitivo é o de Tudjman e sua grande família sobrevoando a Croácia. Sabendo dos rumores de que muitos croatas levavam uma vida miserável e infeliz, enquanto ele e seus parentes acumulavam riquezas, Tudjman diz: "E se eu jogasse pela janela do avião um cheque de um milhão de dólares para fazer ao menos um croata feliz?". Sua bajuladora esposa responde: "Mas, Franjo, meu querido, por que você não joga dois cheques de meio milhão cada e, assim, faz dois croatas felizes?". A filha acrescenta: "E por que não quatro cheques de 250 mil cada, para fazer quatro croatas felizes?", e assim sucessivamente, até que o neto – a proverbial criança inocente que sem querer deixa escapar a verdade – diz: "Mas, vovô, por que o senhor simplesmente não se joga pela janela e faz *todos* os croatas felizes?". Temos aqui uma representação de tudo: os significantes indeterminados beiram o limite impossível subdividindo-se, como Aquiles tentando alcançar a tartaruga, e então essa série interminável, presa na lógica da "falsa infinidade", é totalizada, fechada, completada, pela queda do corpo cujo Real representa o próprio sujeito. Pela queda suicida de seu corpo, o sujeito não "se inclui fora", mas, ao contrário, totaliza a série ao, por assim dizer, *excluir-se dentro*. Aqui, o corpo é literalmente o "resto indivisível" que preenche a lacuna da divisão infinita.

# 5
# Vítimas, vítimas por toda parte

Os desconstrucionistas pós-modernos provavelmente rejeitariam uma referência direta ao Real da "lógica do capital" como "essencialista" demais, como uma referência que não leva em conta a abertura radical e a contingência da luta por hegemonia. Mas o que queremos dizer com isso? Tomemos o exemplo da África do Sul: é óbvio que o fim do *apartheid* não foi condicionado diretamente pela objetiva "lógica do capital", pelo universalismo do capital que tende a subverter e transgredir todos os limites naturais – ele resultou da luta heroica de milhares de defensores anônimos da liberdade. Não obstante, como demonstram as dificuldades enfrentadas atualmente pelo Congresso Nacional Africano, o fim do *apartheid* pôs a maioria negra em confronto com seu verdadeiro dilema: ela deveria correr o risco de perturbar realmente o livre funcionamento do capital para desfazer os efeitos do *apartheid*? Ou deveria fazer um pacto com o diabo e, assim como Clinton nos Estados Unidos ou o New Labour no Reino Unido, aceitar a despolitização básica da economia e se restringir à luta pelos direitos culturais, éticos, religiosos etc.? A luta pela hegemonia na política pós-moderna de hoje *tem* um limite: ela encontra o Real quando chega ao ponto de realmente perturbar o livre funcionamento do capital.

A história mais censurada de 1998 foi a de um acordo secreto internacional chamado Acordo Multilateral de Investimentos (AMI). O principal objetivo do AMI era proteger os interesses de empresas multinacionais. O acordo basicamente teria destruído a soberania nacional, atribuindo a essas organizações poderes quase idênticos àqueles dos países em que estão localizadas. Os governos seriam incapazes de favorecer mais as empresas nacionais do que as estrangeiras. Além disso, os países que não abrandassem suas regras ambientais, trabalhistas, de saúde e do uso da terra, atendendo às demandas das empresas estrangeiras, poderiam ser acusados de agir ilegalmente. As empresas poderiam processar Estados soberanos caso estes impusessem critérios ambientais (ou outros) severos demais – com o Tratado

Norte-Americano de Livre Comércio (Nafta, principal modelo do AMI), a Ethyl Corporation já acionou o Canadá por proibir o uso de seu aditivo de combustível, o MMT [metilciclopentadienil manganês tricarbonil]. A maior ameaça, é claro, era aos países em desenvolvimento, que seriam pressionados a esgotar seus recursos naturais para a exploração comercial. Renato Ruggerio, diretor da Organização Mundial do Comércio (OMC), responsável pelo AMI, saudou o projeto – elaborado e discutido clandestinamente, quase sem consultas públicas ou atenção da imprensa – como uma "constituição para uma nova economia global"[1].

Assim como no pensamento de Marx, segundo o qual as relações de mercado eram a verdadeira fundamentação da ideia de direitos e liberdades individuais, *esse* é o anverso da tão aclamada nova moral global, celebrada até mesmo por certos filósofos neoliberais como sinal do início de uma era em que a comunidade internacional será capaz de impor um código mínimo que proíbe os Estados soberanos de se envolver em crimes contra a humanidade, mesmo dentro de seu próprio território. Em um ensaio recém-publicado, significativamente intitulado "Kosovo and the End of Nation-State" [Kosovo e o fim do Estado-nação], Václav Havel tenta esclarecer a notícia de que o bombardeio da Otan à Iugoslávia

> coloca os direitos humanos acima dos direitos do Estado. A República Federal da Iugoslávia foi atacada pela aliança sem um mandato direto da ONU. Isso não aconteceu de maneira irresponsável, como ato de agressão ou por desrespeito ao direito internacional. Ao contrário, aconteceu por respeito à lei, por uma lei superior àquela que protege a soberania dos Estados. A aliança agiu por respeito aos direitos humanos, como ditam tanto a consciência quanto os documentos legais internacionais.[2]

Logo depois, Havel define essa "lei superior", dizendo que "os direitos humanos, as liberdades humanas e a dignidade humana têm suas raízes mais profundas em algum lugar fora do mundo perceptível [...]; embora o Estado seja criação humana, os seres humanos são criação de Deus"[3]. Se interpretarmos as duas declarações de Havel como premissas de um juízo, a conclusão lógica não é senão que as forças da Otan tinham permissão para violar o direito internacional vigente, porque agiam como instrumento direto da "lei superior", do próprio Deus – se esse não é um caso manifesto de "fundamentalismo religioso", então o termo perdeu qualquer significado minimamente consistente.

A declaração de Havel, portanto, é a mais forte asserção do que Ulrich Beck, em um artigo publicado no *Die Süddeutsche Zeitung* em abril de 1999, chamou

---

[1] Ver Carl Jensen, *Censored 1999: The News that didn't Make the News* (Nova York, Seven Stories, 1999).
[2] Václav Havel, "Kosovo and the End of the Nation-State", *New York Review of Books*, v. XLVI, n. 10, 10 jun. 1999, p. 6.
[3] Idem.

de "humanismo militarista" ou, ainda, "pacifismo militarista". O problema com o termo não é o fato de ser um oximoro orwelliano – como "Paz é guerra" e outros lemas semelhantes de *1984*\* – que, como tal, desvirtua diretamente a verdade de sua posição (contra essa óbvia crítica pacifista-liberal, acredito que a posição pacifista – "Mais bombas e assassinatos não trazem a paz" – é que seja falsa e que deveríamos *endossar* heroicamente o paradoxo do pacifismo militarista). Tampouco é o fato de que, obviamente, os alvos de um bombardeio não são escolhidos por pura consideração moral, mas de modo seletivo, de acordo com interesses estratégicos geopolíticos e econômicos desconhecidos (crítica de estilo marxista). O problema é, sobretudo, que essa legitimação puramente ético-humanitária (mais uma vez) *despolitiza* totalmente a intervenção militar, transformando-a em uma intervenção na catástrofe humanitária, fundamentada em razões puramente morais, e não na intervenção em uma luta política bem definida. Em outras palavras, *o problema do "humanismo/pacifismo militarista" está não no "militarista", mas no "humanismo/pacifismo"*. De certo modo, a intervenção "militarista" (na luta social) é apresentada como ajuda às vítimas do ódio (étnico etc.) e da violência e tem sua justificativa direta nos direitos humanos universais despolitizados. Sendo assim, precisamos não de um "verdadeiro" humanismo/pacifismo (desmilitarizado), mas de uma intervenção social "militarista" despida de seu revestimento humanista/pacifista despolitizado.

Uma matéria escrita por Steven Erlanger sobre o sofrimento dos albaneses do Kosovo, publicada no *New York Times*[4], resume perfeitamente essa lógica da vitimização. O título é revelador: "Em uma mulher do Kosovo, o emblema do sofrimento"; o sujeito que deve ser protegido (pela intervenção da Otan) é identificado desde o início como vítima impotente das circunstâncias, desprovida de qualquer identidade política, reduzida a um duro sofrimento. Sua posição básica é a do sofrimento excessivo, da experiência traumática que torna todas as diferenças indistintas: "'Ela viu demais', disse Meli. 'Quer descansar. Quer que isso acabe'". Como tal, ela está além de qualquer recriminação política – um Kosovo independente não está em sua agenda; ela só quer que o horror acabe: "É a favor de um Kosovo independente? 'Sabe, não me interessa se é assim ou assado', disse Meli. 'Só quero que isso tudo acabe, quero me sentir bem de novo, me sentir bem no meu lugar, na minha casa, com família e amigos'". O apoio que dá à intervenção internacional (da Otan) é fundamentado em seu desejo de ver acabado todo esse horror: "Ela quer um acordo que traga os estrangeiros para cá 'com o apoio de alguma força'. E é indiferente em relação a quais seriam esses estrangeiros". Consequentemente, ela simpatiza com todos os lados, em uma posição humanista oniabrangente: "'Já existe

---

\* Ed. bras.: trad. Heloisa Jahn e Alexandre Hubner, São Paulo, Companhia das Letras, 2009. (N. E.)
4 Steven Erlanger, "In One Kosovo Woman, an Emblem of Suffering", *New York Times*, 12 maio 1999, p. A13.

tragédia suficiente para todo mundo', diz ela. 'Sinto muito pelos sérvios que foram bombardeados e morreram e sinto muito pelo meu povo. Mas agora talvez haja uma conclusão, um acordo definitivo. Seria ótimo'". Temos aqui a construção ideológica do sujeito-vítima ideal em cujo socorro a Otan intervém: não um sujeito político com agenda clara, mas um sujeito impotente e sofredor, que simpatiza com todos os lados do conflito, preso na loucura de um conflito local que só pode ser pacificado pela intervenção de um poder estrangeiro benevolente, um sujeito cujo desejo mais íntimo é reduzido ao anseio quase animal de "se sentir bem de novo".

O maior paradoxo do bombardeio da Otan na Iugoslávia, portanto, não dizia respeito àquilo de que reclamavam os pacifistas ocidentais (bombardeando a Iugoslávia para evitar a limpeza étnica do Kosovo, a Otan desencadeou uma limpeza em larga escala e, assim, criou a própria catástrofe humanitária que queria evitar), mas a um paradoxo mais profundo envolvido na ideologia da vitimização: o principal aspecto que se deve notar é que a Otan privilegiou a facção kosovar "moderada" de Ibrahim Rugova, hoje desacreditada, contra o "radical" Exército de Libertação do Kosovo (ELK). Isso significa que a Otan impediu ativamente *a resistência armada integral dos próprios albaneses*. (No momento em que se mencionou essa opção, surgiu o receio: o ELK não é de fato um exército, apenas um bando de combatentes sem treinamento; não devemos confiar no ELK, porque ele está envolvido com o tráfico de drogas e/ou é um grupo maoista cuja vitória levaria a um Khmer Vermelho ou a um regime talibã no Kosovo.) Depois do acordo para a retirada do Exército sérvio do Kosovo, essa desconfiança em relação ao ELK ressurgiu com toda força: o assunto do dia voltou a ser o "perigo" de que, depois da retirada do Exército sérvio, o ELK – como fontes da Otan e a imprensa costumavam dizer – "preencheria o vazio" e assumiria o controle. A mensagem dessa desconfiança não poderia ser mais clara: tudo bem ajudar os albaneses *impotentes* contra os monstros sérvios, mas não se deve permitir de modo algum que eles realmente *se livrem dessa impotência*, afirmando a si próprios como sujeito político soberano e autossuficiente, um sujeito que não precisa do guarda-chuva benevolente do "protetorado" da Otan.

Em suma, ao mesmo tempo que a Otan intervinha para proteger as vítimas kosovares, ela tomava o máximo de cuidado para que *continuassem sendo vítimas*, ou seja, habitantes de um país devastado, com uma população passiva, e não uma força político-militar ativa, capaz de defender a si própria. A estratégia da Otan, portanto, foi *perversa* no sentido freudiano do termo: ela mesma foi (cor)responsável pela calamidade contra a qual ofereceu remédio (como a governanta louca no conto "Heroine" [A heroína], de Patricia Highsmith, que põe fogo na casa em que trabalha para provar sua devoção à família salvando corajosamente as crianças de um incêndio). Mais uma vez, encontramos aqui o paradoxo da vitimização: o Outro que deve ser protegido é bom *na medida em que continua sendo vítima* (por isso fomos bombardeados com imagens de mães, crianças e idosos kosovares indefesos, contando histórias comoventes de seu sofrimento); no momento em que não se comporta mais como vítima, mas quer contra-atacar por conta própria, ele se transforma de repente, como que num passe de mágica, em um Outro terrorista/fundamentalista/traficante. O importante, portanto, é reconhecer claramente nessa ideologia da vitimização global, nessa identificação do próprio sujeito (humano) como "algo que pode ser ferido", o modo de ideologia que se enquadra no capitalismo global de hoje. Essa vitimização da ideologia é o próprio modo como – na maior parte do tempo, invisível ao olhar do público e, por isso, ainda mais inevitável – o Real do capital exerce seu domínio.

O apelo propriamente *estranho* dos gestos negativos, como o afastamento espetacular do superministro alemão Oskar Lafontaine de certos círculos de esquerda, também atesta a mesma recusa de confronto com o Real do capitalismo atual: o próprio fato de ele ter renunciado sem justificar seu ato, combinado com a demonização que os meios de comunicação de massa fizeram dele (desde a manchete no periódico *The Sun* – "O homem mais perigoso da Europa" – até sua fotografia de perfil no *Bild*, como se fosse uma foto de ficha criminal), criaram uma tela de projeção ideal para todas as fantasias da esquerda frustrada, que rejeita a política predominante da terceira via. Se não tivesse se afastado, Lafontaine teria salvado os fundamentos do Estado de bem-estar social, restabelecido o papel apropriado dos sindicatos, reafirmado o controle sobre a política financeira "autônoma" dos bancos estatais e até mesmo evitado o bombardeio da Otan na Iugoslávia... Embora essa ascensão de Lafontaine como figura cult tenha seu lado positivo (ela articula o desejo utópico de uma esquerda autêntica, que destruiria a posição hegemônica da terceira via de aceitar o reino incontestável da lógica do capital), há suspeitas de que haja algo falso nesse processo: colocando em termos bem simples, se Lafontaine estivesse realmente em posição de realizar pelo menos *alguns* desses objetivos, ele simplesmente *não* teria renunciado, mas teria dado continuidade a seu trabalho. O culto de Lafontaine, portanto, só é possível como gesto negativo: foi a *renúncia* dele que criou o vazio no qual as energias utópicas de esquerda puderam ser investidas, com base na ilusão de que, se as circunstâncias externas (oportunismo de Schroeder etc.) não o impedissem de fazer seu trabalho, na verdade, ele teria realizado alguma coisa. No entanto, o verdadeiro problema é: *o que teria acontecido se Lafontaine não tivesse sido forçado a renunciar?* A triste, porém mais provável, resposta é: *nada* que tivesse substância real (isto é, ele teria sido gradualmente "gentrificado", cooptado pela política predominante da terceira via, como aconteceu com Lionel Jospin na França), ou suas intervenções teriam desencadeado uma crise político-econômica mundial, forçando-o mais uma vez a renunciar, denegrindo a capacidade de governo da democracia social[5].

---

[5] Nesse aspecto, a queda de Lafontaine é um fenômeno paralelo à perda do poder dos líderes da Primavera de Praga em 1968: a intervenção soviética salvou a pele deles – salvou a ilusão de que,

O impasse da globalização é sentido de maneira mais forte em países como a Rússia, que, por assim dizer, tem o pior dos dois mundos: o "totalitarismo" comunista e o liberalismo capitalista. Na década de 1940, Theodor Adorno mostrou que, no "mundo administrado" do capitalismo tardio, a noção freudiana clássica do eu como instância mediadora entre dois extremos, as pulsões interiores do id e as restrições sociais exteriores do supereu, não é mais operante: o que encontramos na chamada personalidade narcisista de hoje é um pacto direto entre supereu e id à custa do eu. A lição básica dos chamados "totalitarismos" é que as forças sociais representadas na pressão do supereu manipulam diretamente as pulsões obscenas do sujeito, ultrapassando a instância racional autônoma do eu. Nessa mesma linha, é um equívoco interpretar a situação russa atual como um cenário em que se deveria atingir um equilíbrio entre os dois extremos: o legado comunista da solidariedade social e o jogo cruel da competição do livre mercado. A característica principal da situação pós-comunista da Rússia é um pacto direto (coincidência até) entre os restos mais sombrios do passado (fundos secretos da KGB) e aqueles mais implacáveis dos novos capitalistas – a figura emblemática da Rússia atual é um ex-*apparatchik* da KGB que se tornou banqueiro e mantém conexões clandestinas duvidosas.

De acordo com a mídia, quando o primeiro-ministro italiano Massimo d'Alema disse – em um encontro de líderes de grandes potências ocidentais dedicado à noção político-ideológica da "terceira via" – que não era preciso ter medo da palavra "socialismo", Clinton – e depois Blair e Schroeder – não se conteve e caiu na gargalhada. Essa anedota diz algo sobre o caráter problemático do discurso atual a respeito da terceira via. O curioso enigma da segunda via é crucial aqui: onde está a *segunda* via hoje? Em outras palavras, a noção de terceira via não surge no momento exato em que – pelo menos no Ocidente desenvolvido – todas as outras alternativas, do verdadeiro conservadorismo à democracia social radical, saíram perdendo diante da arremetida triunfante do capitalismo global e sua noção de democracia liberal? Assim, a verdadeira mensagem da noção de terceira via não é simplesmente que *não existe segunda via*, não existe *alternativa* efetiva ao capitalismo global, de modo que, em um tipo trocista de negação da negação pseudo-hegeliana, essa tão louvada "terceira via" nos leva de volta à *primeira e única via* – a terceira via nada mais é que o *capitalismo global com rosto humano*, ou seja, a tentativa de minimizar os custos humanos da máquina capitalista global, cujo funcionamento permanece inalterado.

---

se tivessem permissão de permanecer no poder, teriam criado de fato o "socialismo com rosto humano", uma alternativa autêntica tanto ao socialismo real quanto ao capitalismo real.

# 6
## O Real fantasmático

Essa espectralidade fantasmática – em oposição à realidade social – não é, na verdade, idêntica ao Real (lacaniano)? A discussão de Eric Santner a respeito da figura freudiana de Moisés nos dá uma excelente descrição do modo como a espectralidade funciona na ideologia[1]: o que de fato há de traumático nessa figura – na ruptura judaica com a religião cósmica pagã pré-monoteísta da Natureza Una, na qual uma multidão de deidades pode coexistir – não é apenas a repressão monoteísta do gozo pagão (orgias sagradas, imagens etc.), mas também a natureza excessivamente violenta do próprio gesto de reprimir o universo pagão e impor o domínio universal do Uno da Lei. Em outras palavras, o "reprimido" do monoteísmo judaico *não* é a riqueza das deidades e orgias sagradas pagãs, mas a natureza excessiva renegada de *seu próprio* gesto fundador, ou seja – para usarmos os termos usuais – o crime que funda o domínio da Lei em si, o gesto violento que viabiliza o regime que retroativamente torna esse mesmo gesto ilegal/criminoso. Santner refere-se aqui ao conhecido paradoxo do "não há canibais em nossa tribo, comemos o último ontem", concebendo Moisés como a figura exemplar desse último canibal que abole a condição do canibalismo (e, em contrapartida, a figura de Jesus na última ceia, a última vítima a ser assassinada e comida – seguindo René Girard, que concebeu a crucificação de Cristo como sacrifício para o fim de todos os sacrifícios)[2].

Consequentemente, devemos distinguir entre *história simbólica* (conjunto de narrativas míticas explícitas e prescrições ético-ideológicas que constituem a tradição de uma comunidade – o que Hegel teria chamado de sua "substância ética") e seu Outro obsceno, a irreconhecível *história fantasmática*, "espectral", que sustenta efetivamente a tradição simbólica explícita, mas que, para ser operante, tem de

---

[1] Ver Eric Santner, "Traumatic Revelations", cit.
[2] Ver René Girard, *O bode expiatório* (trad. Ivo Storniolo, São Paulo, Paulus, 2004).

permanecer forcluída. O que Freud tenta reconstituir em *Moisés e o monoteísmo* (a história do assassinato de Moisés etc.) é justamente essa história espectral que assombra o espaço da tradição religiosa judaica[3]. Santner usa uma formulação muito precisa, que lembra de imediato a definição lacaniana do Real como Impossível presente no seminário *Mais, ainda*: a história espectral fantasmática de um evento traumático que "continua a não ter lugar"[4], que não pode ser inscrito no próprio espaço simbólico criado por sua intervenção – como teria dito Lacan, o evento traumático espectral *"ne cesse pas de ne pas s'écrire"*, não para [ou cessa] de *não se escrever [não se inscrever]*"[5] (e, é claro, precisamente como tal, como inexistente, continua a persistir; ou seja, sua presença espectral continua a assombrar os vivos).

Tornamo-nos membros integrais de uma comunidade não só quando nos identificamos com sua tradição simbólica explícita, mas também quando assumimos a dimensão espectral que a sustenta: os fantasmas que assombram os vivos, a história secreta das fantasias traumáticas transmitidas nas "entrelinhas", pelas lacunas e distorções da tradição simbólica explícita. Na tradição judaica, há a famosa história do rabino que narra a um jovem pupilo a lenda de um profeta que teve uma visão divina; quando o jovem lhe pergunta, entusiasmado, "É verdade? Isso aconteceu mesmo?", o rabino responde: "É provável que não tenha acontecido realmente, mas *é* verdade"[6]. Da mesma maneira, o assassinato do pai primordial e outros mitos freudianos são, de certo modo, *mais reais que a realidade*: eles são "verdadeiros", embora, é claro, "não tenham acontecido realmente" – sua presença espectral sustenta a tradição simbólica explícita. Referindo-se à obra recente de Ian Hacking[7], Santner traça uma linha tênue de separação da noção-padrão da mudança na rede narrativa que nos permite contar uma história coerente de nosso passado: quando mudamos de um registro narrativo para outro, que de certa forma nos permite "reescrever o passado", o surgimento do novo "vocabulário descritivo" tem de reprimir/forcluir o excesso traumático de sua própria imposição violenta, o "mediador evanescente" entre o regime discursivo antigo e o novo; e esse "mediador evanescente", na medida em que permanece não integrado ou excluído, continua a assombrar a história "real" como sua Outra Cena espectral. Esse mito forcluído ("primordialmente reprimido") que fundamenta o domínio do *lógos*, portanto, não é simplesmente um evento passado, mas uma presença espectral permanente, um

---

[3] Ver Sigmund Freud, "Moisés e o monoteísmo", em *Moisés e o monoteísmo, Esboço de psicanálise e outros trabalhos* (Rio de Janeiro, Imago, 1996, Edição Standard Brasileira das Obras Psicológicas Completas de Sigmund Freud, 23).
[4] Eric Santner, "Traumatic Revelations", cit., p. 78.
[5] Jacques Lacan, *O seminário, livro 20: Mais, ainda* (trad. M. D. Magno, 2. ed., Rio de Janeiro, Zahar, 1985), p. 81 [colchetes de Slavoj Žižek].
[6] Devo essa história a George Rosenwald, Universidade de Michigan, Ann Arbor.
[7] Ver Ian Hacking, *Rewriting the Soul* (Princeton, Princeton University Press, 1995).

fantasma não-morto que tem de persistir o tempo todo para que o quadro simbólico presente continue operante.

Não devemos confundir esse mito "primordialmente reprimido" (essa "fantasia fundamental") com a multiplicidade de devaneios inconsistentes que sempre acompanha nossos comprometimentos simbólicos, permitindo-nos suportá-los. Recordemos o exemplo de uma relação sexual ("reta"). O sucesso de *A mulher e o macaco*, de Peter Hoeg\*, indica que o sexo com animais é atualmente a forma predominante da fantasia da relação sexual plena, e é crucial que esse animal seja, via de regra, um macho; em contraste com a fantasia do sexo com o ciborgue, na qual o ciborgue é, via de regra, uma mulher (*Blade Runner*) – ou seja, a fantasia é a da Mulher-Máquina –, o animal é um macaco que copula com uma mulher e a satisfaz plenamente. Isso não materializa dois devaneios-padrão comuns: o da mulher que quer um animal forte como parceiro, uma "besta" potente, e não um fraco histérico e impotente, e o do homem que quer que sua parceira seja uma "boneca" perfeitamente programada, que satisfaz todos os seus desejos, e não um ser humano? O que devemos fazer para atravessar a "fantasia fundamental" subjacente é representar essas duas fantasias juntas: é nos confrontar com o *casal ideal insuportável de um macaco copulando com uma ciborgue*, o suporte fantasmático do casal "normal" de homem e mulher copulando. A necessidade dessa duplicação, a necessidade desse suplemento fantasmático para acompanhar o ato sexual "reto" como sombra espectral, contudo, é mais uma prova de que "não existe relação sexual".

Não encontramos algo muito semelhante na majestosa cena final de *O casamento do meu melhor amigo*, quando, na cerimônia de matrimônio de Cameron Diaz, Julia Roberts (a "melhor amiga" que, durante todo o filme, tentou impedir o casamento para conseguir seu ex-namorado – o noivo – de volta) conforma-se com a perda do ex-namorado, aceita a proposta de Rupert Everett, um amigo gay, e faz com ele uma dança apaixonada na frente de todos os convidados do casamento: *eles são o verdadeiro casal*, em oposição ao casal "oficial" real, formado por Cameron Diaz e seu noivo, envolvidos em uma relação sexual "reta" plena. Nesse aspecto, é crucial que Julia Roberts e Rupert Everett, em contraste com o casal efetivo, não estejam sexualmente envolvidos – embora simplesmente apresentem um espetáculo, embora queiram apenas *mostrar uma falsa aparência*, é justamente por isso que sua apresentação é, de certa forma, *mais real* do que a realidade comum do "sexo efetivo" do outro casal. Em suma, essa dança é *sublime* no sentido kantiano estrito: o que os dois representam, o que aparenta ser – *transparece pelo* – seu ato é a fantasia, o sonho utópico impossível do "casal perfeito" definitivo, do qual o outro casal "efetivo" jamais conseguirá chegar perto. Desse modo, mais uma vez, o gesto de Roberts e Everett é representar a fantasia impossível cujo espectro acompanha

---

\* Ed. bras.: trad. Denise Bandeira e Carl Erik, São Paulo, Companhia das Letras, 1996. (N. E.)

e duplica o "verdadeiro" casal envolvido no ato sexual "efetivo" – e o paradoxo é que eles podem fazer isso justamente por não serem um "casal efetivo", justamente porque (em razão de sua orientação sexual diferente) a relação não pode ser consumada jamais.

A lição disso tudo é que, na oposição entre fantasia e realidade, o Real está do lado da fantasia. Em nenhum lugar isso é mais claro do que no procedimento-padrão de Hollywood, sob a pressão das regras de censura do Código Hayes, de transpor retroativamente a narrativa principal para um sonho apavorante, de modo que, no final do filme, quando a catástrofe está no auge, retornemos à realidade cotidiana "normal". Para evitar os exemplos habituais (de *O gabinete do dr. Caligari*, de Robert Wiene, a *Um retrato de mulher*, de Fritz Lang), tomemos *Caprichos do destino* (1945), de Robert Siodmak: no site AllMovie, o filme tem classificação "livre para crianças", mas as palavras-chave usadas para caracterizar o roteiro são "incesto", "assassinato", "romance", "intriga", "irmã" – excelente exemplo de como a leitura "inocente" pode coexistir com insinuações muito mais inquietantes.

Muito mais do que *Um retrato de mulher*, *Caprichos do destino* brinca com os paradoxos do desejo e de sua realização. O solteirão John Quincy, designer de uma fábrica de tecidos (representado pelo sinistro George Sanders, em um exemplo supremo de *anti-casting*), leva uma vida banal com suas duas irmãs solteiras e dominadoras: a mais velha, Hester, e a mais nova, Lettie, cuidam dele no solar da família em New Hampshire. Ele conhece Deborah Brown, uma consultora de moda nova-iorquina, e a amizade logo se transforma em amor. Ele a pede em casamento. Quando Deborah conhece a família de John, e as irmãs ficam sabendo que eles pretendem se casar, Hester fica feliz pelo irmão, mas Lettie sente um ciúme violento e simula um ataque cardíaco. Frustrado e furioso com a tentativa de Lettie de estragar sua felicidade, John planeja matá-la colocando veneno na bebida dela; por um engano, no entanto, quem toma a bebida e morre é Hester, e não Lettie. Embora saiba que o veneno era para ela, Lettie assume a culpa e é condenada à morte pelo assassinato da irmã – por mais que John afirme publicamente ter sido ele o envenenador, ela se recusa a corroborar sua confissão, pois sabe que sua morte impedirá o casamento dele com Deborah. Ela diz a ele: "Estou lhe dando o que você sempre quis, ficar livre de mim!", sabendo que, dessa maneira, ele terá uma dívida eterna com ela, pois lhe deverá sua liberdade – assumindo a culpa e deixando-o viver, ela faz com que ele viva a partir de então em estado vegetativo. Em suma, Lettie assume o desejo dele (de matá-la) para si e, assim, o frustra de realizá-lo. No final do filme, John acorda e descobre que toda a situação catastrófica do envenenamento da irmã havia sido um sonho: o que o desperta é a volta de Deborah, e ele foge com ela para Nova York, deixando as duas irmãs para trás.

O paradoxo, obviamente, é que a própria ficcionalização do assassinato, feita para apaziguar a censura, introduz um elemento adicional de patologia – a moral do filme é que "a psique mais perturbada do filme pode ser, na verdade, a do protagonista"[8]: o fato de que, em vez de simplesmente confrontar com maturidade a irmã, ele sonhe com um elaborado esquema de envenenamento não revela uma "culpa profunda pela atração que sente por ela"[9]? A ficcionalização retroativa *implica* o sujeito que gerou a ficção de modo muito mais fundamental do que se ele envenenasse de fato a irmã. Se estivéssemos lidando com um assassinado "da vida real", John acabaria sendo vítima de uma situação imposta de fora (o fato infeliz de ter uma irmã dominadora e possessiva) – ou seja, seria possível para ele (e para nós, espectadores) culpar as circunstâncias, embora a ficcionalização da tentativa de assassinato ancore com muito mais força os eventos narrativos nas próprias tendências libidinais de John. Em outras palavras, a premissa subjacente dessa ficcionalização não é que o próprio John sustente a relação íntima privilegiada com Lettie – que o papel dominante de Lettie satisfaça as próprias necessidades libidinais de John e que sua atuação agressiva (a tentativa de assassiná-la) também seja dirigida ao Real de seu próprio "apego apaixonado" não reconhecido[10]? Ele não sonha com esse assassinato para evitar a perspectiva "feliz", rejeitada por seu inconsciente, de abandonar a ligação incestuosa com Lettie e casar-se com Deborah? Quando ele acorda, é para escapar da terrível perspectiva da realização de seu desejo em toda a sua ambiguidade, pois tal realização significa que o "apego apaixonado" fundamental que estrutura sua vida é desfeito (ele se livra do obstáculo e, ao mesmo tempo, tem uma dívida ainda maior para com a irmã).

---

[8] Alain Silver e Elizabeth Ward (org.), *Film Noir* (Londres, Secker & Warbung, 1980), p. 297.
[9] Ibidem, p. 298.
[10] Empresto o termo [*passionate attachment*] de Judith Butler. Ver *The Psychic Life of Power* (Stanford, Stanford University Press, 1998).

# 7
## Por que a verdade é monstruosa?

O que dizer dos fantasmas que não devem ser simplesmente descartados por ser fantasmáticos, já que nos assombram por sua *realidade* insuportável e excessiva, como o Holocausto? Por mais que esse evento tenha desencadeado toda a discussão ética contemporânea, ele continua a nos assombrar como entidade espectral que não pode ser totalmente "explicada", integrada a nossa realidade social, apesar de sabermos (quase) tudo sobre ele no nível dos fatos históricos. Aqui, no entanto, não estamos confundindo duas modalidades diferentes do trauma impossível de ser integrado em nosso universo simbólico? Ou seja, a narrativa fantasmática de um evento espectral que definitivamente "não aconteceu de fato" (como o mito freudiano do parricida primordial) e os traços de um evento que definitivamente *aconteceu*, mas era traumático demais para ser integrado à memória histórica (como o Holocausto), de modo que não podemos registrá-lo como observadores neutros e "objetivos" e aceitá-lo como parte de nossa realidade (passada). Há algo de "espectral" no trauma, mas não porque seu status seja fantasmático, e sim por causa de seu próprio *excesso* de realidade. É crucial, portanto, distinguir entre a narrativa espectral fantasmática e o próprio Real: não devemos nunca nos esquecer de que a narrativa traumática forcluída do crime/da transgressão surge, por assim dizer, depois do (f)ato; que ela é em si um engodo, uma "mentira primordial" que se destina a enganar o sujeito, apresentando a fundação fantasmática de seu ser.

Nesse aspecto, podemos definir precisamente a mistificação da narrativa mitopoética teosófica que pretende exprimir a gênese do cosmos (da realidade plenamente constituída, governada pelo *lógos*) a partir do caos protocósmico pré-ontológico. Tais tentativas apenas ofuscam o argumento de que a "história virtual" reprimida e espectral não é a "verdade" da história pública oficial, mas a fantasia que preenche o vazio do *ato* que produz a história.

No nível da vida familiar, essa distinção é palpável na chamada síndrome da falsa memória: as "memórias" desenterradas (ser seduzido ou molestado pelo pai), as histórias reprimidas que assombram a imaginação dos vivos, são justamente essas "mentiras primordiais" destinadas a evitar o encontro com a derradeira rocha da impossibilidade, o fato de que "não existe relação sexual". O mesmo vale, no nível social, para a noção do Crime primordial que fundamenta a Ordem legal: a narrativa secreta que conta sua história é puramente fantasmática. Na filosofia propriamente dita, essa mistificação fantasmática reside no próprio núcleo do projeto de *Weltalter* [As idades do mundo], de Schelling[1].

O que Schelling tentou realizar em *Weltalter* é precisamente essa narrativa mitopoética fantasmática que explicaria o surgimento do *lógos* em si a partir do Real protocósmico pré-lógico; no entanto, no fim de cada um dos três rascunhos sucessivos de *Weltalter* – ou seja, no momento exato em que a passagem do *mythos* para o *lógos*, do Real para o Simbólico, deveria ser desenvolvida –, Schelling foi obrigado a pôr um *ato* estranho de *Ent-Scheidung* [decisão diferenciadora], o qual, de certa forma, era mais primordial que o Real do próprio "Passado eterno". Sendo assim, a falha repetida dos três sucessivos rascunhos de *Weltalter* mostra exatamente a honestidade de Schelling como pensador: o fato de ser radical o suficiente para reconhecer a impossibilidade de fundamentar o ato/a decisão no mito protocósmico. A linha de separação entre o materialismo e o idealismo obscurantista em Schelling, portanto, diz respeito precisamente à relação entre ato e protocosmos: o obscurantismo idealista deduz ou gera o ato a partir do protocosmos, ao passo que o materialismo afirma a primazia do ato e denuncia o caráter fantasmático da narrativa protocósmica.

Isso equivale a dizer que, a propósito da afirmação de Schelling de que a consciência do homem surge do ato primordial que separa a consciência atual-presente do campo sombrio e espectral do Inconsciente, temos de fazer uma pergunta aparentemente ingênua, porém crucial: aqui, o que é exatamente o Inconsciente? A resposta de Schelling é inequívoca: o "Inconsciente" não é essencialmente o movimento rotatório das pulsões lançadas no passado eterno; ele é, antes, o próprio ato de *Ent-Scheidung* pelo qual as pulsões foram lançadas ao passado. Em termos ligeiramente diferentes, o que é verdadeiramente "inconsciente" no homem não é o oposto imediato da consciência, o vórtice "irracional", obscuro e confuso das pulsões, mas o próprio gesto fundador da consciência, o ato de decisão no qual eu "escolho a mim mesmo", pelo qual eu combino essa multitude de pulsões na unidade do meu Si. O "inconsciente" não é a substância passiva de pulsões inertes que será usada pela atividade "sintética" criativa do Eu consciente; ele, em sua

---

[1] Ver Slavoj Žižek e F. W. J. von Schelling, *The Abyss of Freedom/Ages of the World* (trad. Judith Norman, Ann Arbor, University of Michigan Press, 1997).

dimensão mais radical, é antes *o mais nobre Feito do meu ato de pôr a mim mesmo* [*self-positing*], ou (recorrendo a termos "existencialistas" posteriores) a escolha de meu "projeto" fundamental, que, para permanecer operante, deve ser "reprimido", mantido inconsciente, longe da luz do dia. Citando as admiráveis páginas finais do segundo rascunho de *Weltalter*:

> O feito, uma vez realizado, desce imediatamente às profundezas insondáveis, adquirindo, assim, seu caráter de duração. O mesmo ocorre com a vontade que, quando posta no início e depois exteriorizada, imediatamente tem de afundar na inconsciência. Somente dessa maneira um início é possível, um início que não deixa de ser início, um início verdadeiramente eterno. Pois aqui também é verdadeiro que o início não deve conhecer a si próprio. Uma vez realizado, o feito está realizado para toda a eternidade. A decisão que de alguma maneira é o verdadeiro início não deve surgir diante da consciência, não deve ser recordada, pois isso, precisamente, resultaria em sua recordação. Aquele que, a propósito de uma decisão, reserva-se ao direito de levá-la de volta à luz, jamais realizará o início.[2]

O que temos aqui é, obviamente, a lógica do "mediador evanescente": do gesto fundador da diferenciação que deve afundar na invisibilidade, uma vez que a diferença entre o vórtice das pulsões "irracionais" e o universo do *lógos* está em jogo. O passo fundamental de Schelling, portanto, não é simplesmente fundamentar o universo ontologicamente estruturado do *lógos* no terrível vórtice do Real; se fizermos uma leitura cuidadosa, perceberemos em sua obra a premonição de que esse terrificante vórtice do Real pré-ontológico em si é (acessível a nós somente na forma de) uma narrativa fantasmática, um engodo, uma armadilha para nos fazer esquecer onde reside o verdadeiro horror.

Esclareçamos esse ponto crucial com um exemplo talvez inesperado de dois filmes recentes: *A vida é bela*, de Roberto Benigni, e *Festa de família*, de Thomas Vinterberg. Em Benigni, temos um pai que assume um papel protetor, quase maternal, um pai que conta com a pura aparência, tecendo para o filho uma rede protetora de ficções, um tipo de sucedâneo-placebo; Vinterberg apresenta a figura paterna como um monstro que abusa das crianças – aqui, o pai obsceno, em vez de proteger as crianças do trauma, é a própria causa do trauma, o *jouisseur* brutal. É crucial evitarmos nesse caso a armadilha de conceber esses dois polos opostos (o pai protetor de Benigni e o pai obsceno de Vinterberg) segundo o eixo de aparência e realidade: como se a oposição fosse a da pura aparência (pai maternal protetor) *versus* o Real do violento abusador que se torna visível quando demolimos a falsa aparência. *Festa de família* nos diz como, hoje, com a síndrome da falsa memória (de ser abusado pelos progenitores), a figura espectral do *Urvater* [pai primordial] freudiano, que possui sexualmente todos ao redor, é ressuscitada – o filme nos diz

---

[2] Ibidem, p. 181-2.

isso precisamente por causa de seu caráter falso e artificial. Ou seja, um exame sensível de *Festa de família* revela que há algo errado e falso em toda essa coisa pseudofreudiana de "desmistificar a autoridade paterna burguesa", trazendo à tona seu outro lado obsceno: hoje, tal "desmistificação" soa (e é) falsa; funciona cada vez mais como uma expressão nostálgica dos bons e velhos tempos em que ainda era possível vivenciar realmente esses "traumas". Por quê? Não estamos lidando aqui com a oposição entre a aparência (de um pai protetor e benevolente) e a realidade cruel (do abusador brutal) que só se torna visível quando desmistificamos a aparência; ao contrário, a construção fantasmática é esse segredo horrível de um pai brutal por trás da máscara polida.

O impasse acerca de *Fragmentos*[3], de Binjamin Wilkomirski, aponta para a mesma direção: o que todos assumiram como sendo as memórias confusas, porém autênticas, do autor, que foi aprisionado em Majdanek aos três ou quatro anos de idade, revelou-se uma ficção literária criada por esse autor. Sem considerar a questão-padrão da manipulação literária, será que estamos cientes de como essa revelação "falsa" do investimento fantasmático e da *jouissance* está operante até mesmo nas condições de dor e sofrimento mais extremas? Ou seja, o enigma seria este: de modo geral, criamos fantasias como uma espécie de escudo para nos proteger do trauma insuportável. Aqui, a própria experiência traumática suprema, a do Holocausto, é fantasiada como um escudo – de proteção contra o quê? Tais aparições monstruosas são "retornos no Real" da autoridade simbólica que fracassou: o inverso do declínio da autoridade paterna, do pai como encarnação da Lei simbólica, é o surgimento do pai, abusador e aproveitador, da síndrome da falsa memória. Essa figura do pai abusador obsceno, longe de ser o Real por trás da aparência respeitável, é em si uma formação de fantasia, um campo protetor – contra o quê? O pai abusador da síndrome da falsa memória não é, apesar de suas características horripilantes, a maior garantia de que *em algum lugar existe o gozo pleno e irrestrito*? E se o verdadeiro horror for a falta do gozo em si?

Esses dois pais (o de Benigni e o de Vinterberg) têm em comum o fato de ambos *suspenderem a instância da Lei/Proibição simbólica* – a instância paternal cuja função é introduzir a criança no universo da realidade social, com suas duras demandas, à qual a criança é exposta sem nenhum campo protetor maternal. O pai de Benigni oferece o escudo imaginário contra o encontro traumático com a realidade social, ao passo que o pai abusador de Vinterberg também é um pai *fora das restrições da Lei (simbólica)*, com acesso ao gozo pleno. Os dois pais, desse modo, correspondem à oposição lacaniana entre Imaginário e Real: o pai de Benigni é um protetor da segurança imaginária contra a brutalidade do Real da violência desregrada – o que

---

[3] Ver Binjamin Wilkomirski, *Fragmentos: memórias de uma infância 1939-1948* (trad. Sergio Tellaroli, São Paulo, Companhia das Letras, 1998).

falta é o pai como portador da autoridade simbólica, o Nome-do-Pai, a instância proibitiva "castradora" que permite a entrada do sujeito na ordem simbólica e, portanto, no domínio do *desejo*. Os dois pais, imaginário e real, são o que resta quando a autoridade simbólica paternal se desintegra.

O que acontece com o funcionamento da ordem simbólica quando a Lei simbólica perde sua eficácia, quando ela deixa de funcionar de maneira adequada? O que resta são sujeitos estranhamente "desrealizados" ou, antes, "despsicologizados", como se estivéssemos lidando com marionetes robotizadas que obedecem a um estranho mecanismo cego, algo semelhante à gravação das novelas mexicanas: por causa do cronograma extremamente apertado (o estúdio tem de produzir um episódio de meia hora todos os dias), os atores não têm tempo de decorar o texto e, por isso, usam um minúsculo ponto eletrônico escondido no ouvido; uma pessoa lê as instruções em uma cabine localizada atrás do *set* (as palavras que os atores devem dizer, as ações que devem executar), e os atores são treinados para representar essas instruções imediatamente, sem atraso.

Outro exemplo – neste caso, de guerra – pode nos ajudar a entender melhor essa questão. A maior lição das últimas intervenções militares norte-americanas, sobretudo a Operação Raposa do Deserto contra o Iraque, no fim de 1998, é que operações desse tipo indicam uma nova era na história militar – batalhas em que a força de ataque atua desde que não haja baixas. (A mesma questão se repete a cada discussão sobre intervenções militares dos Estados Unidos no exterior, da Somália à ex-Iugoslávia – esperam-se garantias de que não haverá baixas.) No entanto, essa tendência de excluir da guerra a própria morte não pode nos levar a defender a ideia-padrão de que a guerra é menos traumática quando não é mais vivenciada pelos soldados (ou apresentada) como um encontro real com um ser humano que deve ser morto, mas sim como uma atividade abstrata, realizada diante de uma tela de computador ou por trás de uma arma que está a quilômetros de distância da explosão, como dirigir um míssil em um navio de guerra localizado a centenas de quilômetros do alvo.

Embora esse procedimento torne o soldado menos *culpado*, pode-se questionar se ele causa realmente menos *angústia* – essa é uma das maneiras de explicar o estranho fato de que os soldados costumam fantasiar que estão matando o soldado inimigo em um confronto direto, olhando nos olhos dele antes de apunhalá-lo com uma baioneta (em uma espécie de versão militar da síndrome da falsa memória sexual, eles costumam até "se lembrar" desses encontros, que na verdade jamais aconteceram). Há uma longa tradição literária de exaltação desses encontros diretos como experiências autênticas de guerra (por exemplo, Ernst Jünger, que os louva em suas memórias sobre os ataques nas trincheiras na Primeira Guerra Mundial). Assim, e se a característica verdadeiramente traumática *não* for a consciência de que estou matando outro ser humano (que deve ser obliterado pela "desumanização" e "objetificação" da guerra em um procedimento técnico), mas, ao contrário, essa própria "objetificação", que gera a necessidade de complementá-la com fantasias de encontros pessoais autênticos com o inimigo? Portanto, não é a fantasia de uma guerra puramente asséptica travada como um videogame diante da tela de um computador que nos protege da realidade de matar frente a frente outra pessoa, é essa fantasia do encontro cara a cara com o inimigo morto cruelmente que construímos para fugir do Real da guerra despersonalizada transformada em operação tecnológica anônima.

Agora nossa tese deve estar clara: a realidade cruel da guerra está para a ideia de guerra virtualizada sem baixas da mesma maneira que *Festa de família* está para *A vida é bela*: em ambos os casos, *não* lidamos com a função simbólica (da guerra virtual sem derramamento de sangue, da narrativa protetora) que dissimula o Real de um massacre sem sentido ou de uma violência sexual sem sentido – antes, em ambos os casos, é essa mesma violência que já serve de escudo protetor fantasiado. Nisso consiste uma das principais lições da psicanálise: as imagens da catástrofe absoluta, em vez de dar acesso ao Real, podem funcionar como escudo protetor *contra* o Real. Tanto no sexo quanto na política, nós nos refugiamos em cenários catastróficos para evitar o impasse efetivo. Em suma, o verdadeiro horror não é o *Urvater* abusador contra quem o pai maternal benevolente nos protege com seu escudo de fantasia, mas o próprio pai maternal benigno – para a criança, a experiência verdadeiramente sufocante e geradora de psicose seria ter um pai como Benigni, que, com seu cuidado protetor, elimina todos os traços do gozo excessivo. É como uma medida de defesa desesperada contra *esse* pai que o sujeito fantasia a respeito da versão abusadora.

Talvez *esta* também seja a lição máxima de Schelling: o horror do *Grund* [fundamento] máximo, essa aparição monstruosa com centenas de mãos, esse vórtice que ameaça engolir tudo, é um engodo, uma defesa contra o abismo do puro *ato*. Outra maneira de abordar essa mesma ambiguidade e tensão na relação entre fantasia e Real seria por meio do tema da errância/inverdade em Heidegger como característica mais íntima do evento da própria verdade. O primeiro parágrafo do notável ensaio de John Sallis sobre a monstruosidade da verdade ataca essa dificuldade de frente:

> E se a verdade fosse monstruosa? E se fosse a própria monstruosidade, a própria condição, a própria forma de tudo que é monstruoso, de tudo que é deformado? Mas, acima de tudo, e se ela mesma fosse essencialmente deformada, monstruosa em sua própria essência? E se houvesse na própria essência da verdade algo essencialmente outro que não a verdade, uma divergência da natureza dentro da natureza, a verdadeira monstruosidade?[4]

---

[4] Ver John Sallis, "Deformatives: Essentially Other Than Truth", em John Sallis (org.), *Reading Heidegger* (Bloomington, Indiana University Press, 1993).

Antes de pular para conclusões pseudonietzschianas precipitadas, vamos refletir um pouco sobre o significado dessas afirmações. O argumento de Sallis não é uma noção "desconstrucionista" pseudonietzschiana de que a "verdade" é uma ordem fixa e limitadora, imposta por um Poder qualquer à livre prosperidade da imaginação que sustenta a vida – a noção de que a "monstruosidade" da verdade reside no fato de que cada "regime de verdade" deforma e atrapalha o fluxo livre de nossa energia vital. Para Sallis, como bom heideggeriano, Nietzsche, com sua famosa noção de verdade como "*o tipo de erro* sem o qual certo tipo de ser humano não poderia viver"[5], permanece no interior da oposição metafísica entre a verdade e seu outro (ficção, erro, mentira), simplesmente realizando a inversão antiplatônica da relação entre verdade e ilusão, enaltecendo o potencial das ficções de melhorar a vida. Sallis, por sua vez, segue à risca a passagem heideggeriana da verdade como *adaequatio* à verdade como abertura: anterior à verdade como *adaequatio* (seja a *adaequatio* de nossas declarações ao "modo como as coisas realmente são" – "Há uma tela diante de mim" é verdadeiro somente se houver de fato uma tela diante de mim – ou a *adaequatio* das coisas em si à sua essência – "Esse é um verdadeiro herói" se ele de fato age de acordo com a noção de herói), a própria coisa deve abrir-se para nós como aquilo que ela é. Portanto, a "verdade", para Heidegger, é a "clareira" (determinada historicamente) em que as coisas aparecem para nós dentro de certo horizonte de significado – ou seja, como parte de certo "mundo" epocal. A verdade não é nem "subjetiva" nem "objetiva", mas designa ao mesmo tempo nosso envolvimento ativo *no* mundo e nossa abertura extática *para* o mundo, deixando que as coisas surjam em sua essência. Além disso, a verdade como modo epocalmente determinado da abertura do ser não tem por base nenhuma Fundação transcendental definitiva (Vontade divina, leis evolutivas do universo etc.), é em seu ser mais profundo que um "evento", algo que ocorre epocalmente, tem lugar, "apenas acontece". A pergunta agora é: como *essa* noção de verdade envolve uma inverdade (encobrimento, errância, mistério) em seu próprio cerne, como sua "contraessência essencial" ou sua "não-essência própria"? Como devemos pensar essa inverdade sem a reduzir a um dos *modos* da inverdade *enquanto* versão negativa/privativa da verdade (mentira, ilusão, ficção etc.) e, como tal, já dependente da verdade? Quando Heidegger fala da inverdade como inerente à própria verdade-acontecimento, ele tem dois níveis diferentes em mente:

- De um lado, o modo como o homem, quando envolvido em questões intramundanas, esquece-se do horizonte de significado em que ele habita e esquece-se até de si mesmo (exemplar aqui é a "regressão" do pensamento grego que

---

[5] Friedrich Nietzsche, *Der Wille zur Macht* (Stuttgart, Alfred Kröner, 1959), §493.

ocorre com o advento dos sofistas: o que era um confronto com a própria fundação do nosso Ser se transforma em um jogo frívolo com diferentes linhas de argumentação, sem nenhuma relação inerente com a verdade).

• De outro, o modo como esse horizonte de significado em si, na medida em que é um Acontecimento epocal, surge contra o pano de fundo do – e, assim, dissimula o – Mistério imponderável de seu surgimento, da mesma forma como a clareira no meio de uma floresta é cercada pela densidade escura das árvores.

Deixando de lado a difícil questão de como esses dois níveis são codependentes, concentremo-nos no segundo nível, mais fundamental: é suficiente perceber a Inverdade no núcleo da Verdade como pano de fundo imponderável contra o qual ocorre cada acontecimento-verdade epocal? Parece que mesmo o paralelo com Lacan (na medida em que o admitimos como legítimo) justificaria essa conclusão: também para Lacan, a fim de mentir de maneira apropriada, nossa fala tem de se referir de antemão ao grande Outro *enquanto* garantia da Verdade – é por isso que, em contraste com o simples fingimento animal, o homem pode *fingir que finge*, pode *mentir na forma da própria verdade*, como o judeu da famosa anedota citada por Freud ("Por que está me dizendo que vai para Lemberg se, na verdade, vai mesmo para Lemberg?")[6]. Para Lacan, portanto, a "inverdade" que nesse sentido *não* é derivativa da dimensão da verdade seria simplesmente a densidade imponderável do próprio Real pré-simbólico como pano de fundo intransponível de cada universo simbólico... Foi William Richardson que – partindo de seu conhecimento único sobre Heidegger *e* Lacan e em resposta direta ao ensaio de Sally – chegou a essa conclusão quando disse: "Quando ouço Heidegger falar sobre a *léthe* como 'mais antiga' que a essência da verdade, entendo o que Lacan quer dizer com o real"[7].

Aqui, no entanto, temos de nos aventurar um passo adiante, o passo cuja necessidade é sugerida pelo próprio Heidegger quando, na elaboração da ideia de uma inverdade mais antiga que a própria dimensão da verdade, frisa que a "entrada do homem no desdobramento essencial da verdade" é uma "transformação do ser do homem no sentido de um *desarranjo* [*Verrückung*] de sua posição entre os

---

[6] Ver Jacques Lacan, *Escritos*, cit., p. 529.
[7] William Richardson, "Heidegger among the Doctors", em John Sallis (org.), *Reading Heidegger*, cit., p. 62. Aqui, a propósito, Richardson contradiz claramente a afirmação que ele mesmo faz duas páginas antes, dizendo que "a questão de Lacan sobre a estrutura do inconsciente na psicanálise é claramente existencial/ôntica (isto é, no nível dos seres)" (ibidem, p. 60) e, como tal, incapaz de tematizar a questão ontológica-fundamental do Sentido do Ser: como pode um termo que concerne ao próprio núcleo da essência da verdade (o "Real" lacaniano) não se basear nessa questão ontológica?

seres"⁸. O "desarranjo" a que Heidegger se refere, obviamente, não é uma categoria psicológica ou clínica: indica uma reversão/aberração propriamente *ontológica* muito mais radical, quando o universo em si, em sua própria fundação, está de alguma maneira "desconjuntado", fora dos trilhos⁹. É fundamental aqui lembrarmos que Heidegger escreveu essas linhas nos anos em que se dedicava a uma leitura intensiva do *Tratado sobre a liberdade humana*, de Schelling, texto que identifica a origem do Mal justamente em uma espécie de *loucura ontológica*, no "desarranjo" da posição do homem entre os seres (sua "autocentralidade"). Em seus primeiros

---

8   Martin Heidegger, "Beiträge zur Philosophie", em *Gesamtausgabe* (Frankfurt, Vittorio Klorstermann, 1975-), v. 65, p. 338.
9   Em um contexto mais amplo, podemos nos referir aqui ao tema geral de "Oriente *versus* Ocidente" – a diferença global entre a matriz simbólica elementar "oriental" e a "ocidental". Na perspectiva "oriental", em sua forma mais radical, a "realidade" última é a da Vacuidade, do "Vazio positivo", e toda a realidade finita e determinada é inerentemente "ilusória" – a única via autêntica para a Verdade ético-epistemológica é a renúncia ao desejo como condição que nos acorrenta aos objetos finitos e, por isso, é a maior causa do sofrimento – ou seja, a entrada no êxtase do nirvana. Em contraste com essa posição, o núcleo íntimo da matriz "ocidental" é que *existe uma terceira via*: em termos kantiano-nietzschianos, a alternativa entre "não desejar algo" e o desejo "patológico" que nos acorrenta aos objetos empíricos positivos não é exaustiva, pois nos seres humanos há um desejo que não é "patológico", mas um desejo "puro" pelo próprio nada. Ou – em termos heideggerianos (posto que, em sua noção de *léthe* primordial, Heidegger acaba chegando ao mesmo ponto) – um "desarranjo pré-ontológico" é consubstancial com a própria condição humana, mais "original" que as alternativas entre imersão de êxtase no Vazio e escravização aos desejos "patológicos". A posição lacaniana sobre a noção oriental de nirvana, portanto, é clara e inequívoca: a escolha definitiva que nós, seres humanos, enfrentamos não é aquela entre o desejo (por algo dentro da falsa realidade) e a renúncia (extinção) do desejo, o não-desejar, a imersão no Vazio; há uma terceira opção: o desejo pelo próprio Nada, por um objeto que é substituto desse Nada.
A posição lacaniana não é que o budismo é "forte demais", feito apenas para pessoas capazes de eliminar o próprio desejo, ao passo que para nós, sujeitos ocidentais, presos à dialética do desejo, a psicanálise é o máximo a que podemos chegar – a posição de Lacan é que o "desejo pelo próprio nada" é o "mediador evanescente", a terceira opção mais primordial, que se torna invisível quando formulamos a oposição como aquela entre o desejo por algo e o não-desejar. A existência dessa terceira opção é perceptível na dificuldade que a posição budista tem de explicar o surgimento do desejo: de que modo o Vazio primordial foi perturbado e o desejo surgiu? De que modo os seres humanos foram aprisionados na roda do carma, do apego à falsa realidade? A única solução para esse impasse é postular um tipo de perturbação/inversão/inquietação pré-ontológica *dentro do próprio nirvana* – ou seja, anterior à cisão entre o nirvana e a falsa aparência –, de modo que o próprio Absoluto (a Força Cósmica, ou seja qual for o nome) torna-se radicalmente pervertido. Os traços dessa inversão são discerníveis até mesmo nos ícones da Nova Era da cultura pop, como Darth Vader, de *Guerra nas estrelas*: a ideia de que as pessoas realmente más são as que tiveram acesso à Força que nos permite alcançar o verdadeiro campo para além da falsa realidade material, mas acabaram pervertendo a Força ou fazendo mau uso dela, empregando-a com propósitos maus e ruins. Mas e se essa incidência na perversão for original, o corte/excesso monstruoso original, e a oposição entre o nirvana e o desejo pelas falsas aparências existir para esconder essa monstruosidade?

escritos, Hegel também se refere a essa loucura ontológica (a "noite do mundo", o recolhimento radical do sujeito diante do mundo, sua autocontradição radical) como um *sine qua non*, um passo imediato necessário ("mediador evanescente") na passagem da "natureza pré-humana" para nosso universo simbólico[10].

---

[10] Trabalhei esse problema detalhadamente em *The Indivisible Remainder* (Londres, Verso, 1996) e em *O sujeito incômodo*, cit. Devemos enfatizar aqui que a tentativa heideggeriana de "atravessar" a subjetividade da era moderna não tem absolutamente nada a ver com o clichê da Nova Era segundo o qual o pecado original da civilização moderna ocidental (ou melhor, da tradição judaico-cristã) é o *húbris*, a suposição arrogante de que ele ocupa um lugar central no universo e/ou é dotado do direito divino de domar todos os outros seres humanos e explorá-los em benefício próprio. A ideia é que esse *húbris*, que perturba o delicado equilíbrio das potências cósmicas, mais cedo ou mais tarde força a natureza a restabelecer tal equilíbrio: a crise ambiental, social e psíquica atual é interpretada como resposta justificada do universo à presunção do homem. Nossa única solução, portanto, consiste na mudança do paradigma global, na adoção de uma nova atitude holística, em que aceitamos humildemente nosso lugar subordinado na Ordem global do Ser. Em claro contraste com essa noção subjacente a todos os retornos à "sabedoria antiga", Heidegger tem plena consciência de que o "*desarranjo* da posição do homem entre os seres", o fato de que o surgimento do homem de alguma maneira "desarranja" o equilíbrio dos entes, de certa forma é *mais antigo que a própria Verdade*, é seu fundamento oculto. Desse modo, devemos rejeitar totalmente a leitura de Reiner Schürmann, de acordo com a qual o "esquecimento do Ser" heideggeriano – o esquecimento metafísico da diferença ontológica, isto é, a confusão entre o horizonte eventual do Ser como tal e o ente supremo – é igual à perturbação do equilíbrio cósmico, ao ato de privilegiar um aspecto do antagonismo cósmico em prol de seu oposto, elevando-o, assim, a um princípio universal (ver Reiner Schürmann, "Ultimate Double Binds", *Graduate Faculty Philosophy Journal*, Nova York, New School for Social Research, v. 14, n. 2). Para Heidegger, a Verdade-Acontecimento só pode ocorrer dentro desse "desequilíbrio ontológico" fundamental. A questão central e verdadeiramente problemática é que Heidegger se recusa a chamar de *sujeito* esse "desequilíbrio ontológico" ou "desarranjo".

# 8
## Sobre pedras, lagartos e homens

Será que a psicanálise nos permite delinear melhor os contornos dessa loucura ontológica como núcleo ex-timo da verdade, traumático e propriamente monstruoso, distinto da verdade e mais antigo que ela, e, como tal, seu necessário fundamento/pano de fundo oculto/retraído? Minha opinião é que a pulsão de morte freudiana, que não tem absolutamente nada a ver com algum "instinto" que nos impulsiona à (auto)destruição, é justamente o nome que ele dá a essa "transformação do ser do homem no sentido de um *desarranjo* de sua posição entre os seres", a esse intermédio misterioso/monstruoso que não é mais o Real da natureza pré-humana, da clausura desprovida de mundo dos entes naturais, tampouco o horizonte da Clareira e o que surge dentro dela, articulado no discurso como "morada do Ser", como disse Heidegger em *Carta sobre o humanismo*\*, mas sim a fundação recolhida e "desarranjada" ou retorcida do horizonte da própria Clareira[1].

Ficamos tentados a dar um passo a mais nessa linha de raciocínio, tomando a palavra "desarranjo" de forma bastante literal: qual é, na perspectiva psicanalítica, a forma básica do "desarranjo" humano? Não seria a chamada "fantasia fundamental", essa *proton pseudos*, a "mentira primordial", mais antiga que a própria verdade, esse cenário patológico absolutamente idiossincrático que sustenta nosso ser-no-mundo, nossa habitação no universo simbólico, e que, para ser operante, *tem de continuar "primordialmente reprimida"*? Ou seja, para citar Heidegger, a *léthe* (encobrimento/recolhimento) no próprio núcleo da *alétheia*, da verdade como abertura. O paradoxo ontológico – o escândalo, até – da noção de *fantasia* está no fato de ela subverter a oposição-padrão entre "subjetivo" e "objetivo": é claro que,

---

\* Ed. bras.: trad. Rubens Eduardo Farias, 2. ed. rev., São Paulo, Centauro, 2010. (N. E.)
[1] Para uma elaboração mais detalhada do conceito de pulsão de morte, ver o capítulo 5 de Slavoj Žižek, *O sujeito incômodo*, cit.

por definição, a fantasia não é "objetiva" (no sentido ingênuo de "existir independentemente das percepções do sujeito"); no entanto, ela tampouco é "subjetiva" (no sentido de ser redutível às intuições do sujeito experimentadas de maneira consciente). A fantasia, ao contrário, pertence à "categoria bizarra do objetivamente subjetivo – o modo como as coisas, real e objetivamente, parecem para nós, mesmo que não pareçam daquela maneira para nós"[2].

Quando, por exemplo, afirmamos que uma pessoa é conscientemente bem-intencionada para com os judeus, mas ainda assim nutre profundos preconceitos antissemitas, dos quais ela não tem clara consciência, nós não dizemos (na medida em que esses preconceitos não têm nada a ver com o que os judeus realmente são, mas apenas com o modo como eles parecem para essa pessoa) que *ela não tem consciência de como os judeus realmente são*? A propósito do fetichismo da mercadoria, o próprio Marx usa o termo "aparência objetivamente necessária". Portanto, quando um marxista crítico encontra um sujeito burguês imerso no fetichismo da mercadoria, a censura do marxista não é "Uma mercadoria pode lhe parecer um objeto mágico, dotado de poderes especiais, mas é apenas uma expressão reificada das relações entre as pessoas". A verdadeira censura do marxista é, antes, "Você pode achar que a mercadoria lhe parece a simples encarnação das relações sociais (por exemplo, o dinheiro é só uma espécie de documento que lhe dá direito a parte do produto social), mas *não é assim que as coisas realmente lhe parecem* – em sua realidade social, por meio de sua participação na troca social, você atesta o fato misterioso de que uma mercadoria realmente lhe aparece como objeto mágico dotado de poderes especiais"...

Essa também é uma maneira de especificar o significado da afirmação de Lacan do "descentramento" constitutivo do sujeito: seu argumento não é que minha experiência subjetiva seja regulada por mecanismos inconscientes objetivos que são "descentralizados" com relação a minha experiência-de-si e, como tal, além do meu controle (argumento defendido por todo materialista); antes, seu argumento é algo muito mais desconcertante – sou destituído até mesmo de minha experiência "subjetiva" mais íntima, do modo como as coisas "realmente me parecem", a experiência da fantasia fundamental que constitui e garante o núcleo do meu ser, pois jamais posso experimentá-la conscientemente e assumi-la. De acordo com a visão-padrão, a dimensão constitutiva da subjetividade é a da experiência fenomenal (de si) – sou um sujeito no momento em que posso dizer para mim mesmo: "Independentemente de quais mecanismos desconhecidos governem meus atos, minhas percepções e meus pensamentos, ninguém pode tirar de mim o que vejo e

---

[2] Daniel C. Dennett, *Consciousness Explained* (Nova York, Little, Brown, 1991), p. 132. Dennett, é claro, evoca esse conceito de maneira puramente negativa, como uma *contradiction in adjecto* sem sentido.

sinto agora". Por exemplo, quando estou apaixonado e um bioquímico me diz que todos os meus sentimentos intensos são apenas resultado de processos bioquímicos em meu corpo, posso retrucar, agarrando-me à aparência: "Tudo isso que você diz pode ser verdade, mas nada pode tirar de mim a intensidade da paixão que estou vivendo neste momento".

O argumento de Lacan, no entanto, é que o psicanalista é precisamente aquele que *pode* tirar isso do sujeito – ou seja, seu objetivo é privar o sujeito da própria fantasia fundamental que regula o universo de sua experiência(-de-si). O "sujeito do inconsciente", no pensamento de Freud, só surge quando um aspecto-chave da experiência(-de-si) *fenomenal* do sujeito (sua "fantasia fundamental") torna-se *inacessível* para ele – é "primordialmente reprimido". No que tem de mais radical, o Inconsciente é o *fenômeno inacessível*, não o mecanismo objetivo que regula minha experiência fenomenal. Desse modo – em contraste com o lugar-comum de que estamos lidando com um sujeito no momento em que um ente dá sinais de "vida interior", de uma fantasmática experiência-de-si que não pode ser reduzida ao comportamento externo –, devemos dizer que o que caracteriza a subjetividade humana propriamente dita é, antes, a lacuna que separa os dois: o fato de que a fantasia, no que tem de mais elementar, torna-se inacessível para o sujeito; é essa inacessibilidade que torna o sujeito "vazio". Desse modo, temos uma relação que subverte totalmente a noção-padrão do sujeito que experimenta diretamente a si próprio, seus "estados interiores": uma relação "impossível" entre o *sujeito vazio e não-fenomenal* e os *fenômenos que continuam inacessíveis ao sujeito*[3].

A *léthe* fundamental, portanto, não é o abismo vertiginoso dos entes que subjazem a Clareira em que aparecem, mas o próprio *fenômeno* em sua forma mais radical, ou seja, o esquema que determina como as coisas aparecem para nós. Esse cenário "desarranja", desconjunta a "ordem apropriada das coisas": ele distorce a maneira como abordamos o mundo ao lhe impor violentamente certa perspectiva parcial. Aí reside o maior escândalo: quando lidamos com um sintoma individual em sua manifestação mais forte, toda a consistência da experiência-de-si da pessoa é, de uma maneira irreconhecível, unida por essa "torção sintomal", por algum tique patológico idiossincrático, de modo que, quando desatamos esse nó (quando perturbamos um ponto particular, aparentemente insignificante, que não deveria ser tocado; quando fazemos uma observação trivial que não deveria ser dita etc.), o universo dessa pessoa desaba. Agora vamos imaginar, à maneira das "ingênuas" especulações psicológicas de Schelling, um tipo de hipérbole ontológica para essa matriz, na qual um giro "patológico" singular, que "como tal" nos é inacessível, ainda assim colore toda a nossa abordagem do Ser, o modo como os entes estão

---

[3] Para um relato mais detalhado dessa noção de fantasia fundamental, ver os capítulos 1 e 4 de Slavoj Žižek, *The Plague of Fantasies* (Londres, Verso, 2008).

abertos para nós. Não seria *essa* a *monstruosidade* derradeira da verdade – o fato de que ela se baseia em um cenário idiossincrático obsceno pré-ontológico, de modo que, se esse cenário deixar de ser operante, a própria verdade se desintegra? O paradoxo, portanto, é que, longe de apenas desarranjar/distorcer o "equilíbrio próprio das coisas", a fantasia *fundamenta* ao mesmo tempo cada noção do Universo equilibrado: a fantasia não é um excesso idiossincrático que desarranja a ordem cósmica, mas o excesso singular violento que *sustenta* cada noção de ordem desse tipo. Talvez deste modo possamos entender a noção heideggeriana de que a metafísica é incapaz de endossar completamente essa interação da verdade com o núcleo monstruoso oculto em seu próprio âmago: a "ilusão" da metafísica é que esse corpo estranho monstruoso é, em última análise, acidental, afeta não a verdade em si, mas somente nosso acesso a ela – ou seja, a metafísica não está pronta para admitir que nossa distorção da verdade é fundamentada em uma distorção inerente constitutiva da própria verdade.

De que maneira essa lacuna da monstruosidade que subjaz a própria verdade diz respeito à condição interior do homem? Na segunda parte de *Os conceitos fundamentais da metafísica*, ciclo de conferências ministradas de 1929 a 1930, Heidegger entra em uma discussão detalhada dos diferentes status ontológicos de objetos inertes (pedra), animais (lagartos, abelhas) e seres humanos. Sua famosa definição diz que a pedra é sem mundo, o animal é pobre de mundo e o homem é formador de mundo, ou seja, relaciona-se ao mundo como tal. Deixando de lado os pormenores dessas distinções – e, de modo mais geral, a natureza incomum dessas páginas com relação à obra de Heidegger (aqui, ele entra em descrições detalhadas de experimentos comportamentais com animais para demonstrar seu argumento: descreve como uma abelha, quando tem o abdômen retirado, continua sugando o néctar das flores, porque não possui experiência do que significa estar saciada) –, devemos nos concentrar na natureza problemática de definir os animais como "pobres" no que se refere ao mundo: ao contrário da pedra, de certo modo o lagarto se relaciona com as pedras, com o sol e tudo mais ao seu redor, mas não como os humanos o fazem.

O problema (do qual Heidegger tem plena consciência) é que a designação de "pobre" envolve uma comparação implícita com os seres humanos: os animais não parecem "pobres" com relação ao mundo apenas se já tivermos pressuposto a presença dos seres humanos como formadores de seu mundo? Em suma, não é que essa determinação não define inerentemente um animal, como ele é "em si mesmo", mas já de uma perspectiva antropomórfica, pressupondo os seres humanos como a "medida de todas as coisas"? Embora reconheça a natureza problemática e indeterminada dessa ruminação, Heidegger, no final do capítulo que trata de tais noções, propõe – em estilo schellingiano – uma hipótese especulativa ousada de que talvez os animais *sejam*, de maneira até agora desconhecida, conscientes dessa falta, da "pobreza" de sua relação com o mundo – talvez haja uma *dor* infinita perpassando o todo da natureza viva: "se em certas variantes a privação implica um sofrimento, então seria necessário, se a privação de mundo e a pobreza pertencessem ao ser do animal, que um sofrimento e um mal transpassassem todo o reino animal e todo o reino da vida em geral"⁴. Digo "em estilo schellingiano" porque Schelling escreveu sobre a "melancolia infinita" de toda a natureza viva, sobre a existência de um desejo profundo e uma dor infinita na natureza, pois a natureza está presa em uma tensão absoluta não resolvida, dividida por dentro, incapaz de "atingir" ou definir a si própria – e é por esse motivo que o surgimento do *lógos* no homem, da palavra falada, não é simplesmente um excesso que perturba o circuito natural equilibrado, mas uma resposta a esse impasse e a essa dor infinita da natureza viva, uma resolução de sua tensão insuportável; é como se a própria natureza viva secretamente apontasse para o surgimento do *lógos* como sua redenção, querendo-o e desejando-o.

Antes de descartarmos essa ideia como uma especulação teleológica maluca, própria do campo merecidamente esquecido da romântica *Naturphilosophie*, devemos examiná-la mais de perto. Não encontramos algo semelhante na experiência histórica? Recordemos *Satyricon*, de Fellini, e seu retrato singular dos hedonistas da Roma Antiga, impregnados de uma tristeza infinita. O próprio Fellini afirmou que, como cristão, ele queria fazer um filme sobre um universo em que o próprio cristianismo ainda estivesse por vir, um universo do qual a ideia de redenção cristã estivesse totalmente ausente. Desse modo, a estranha tristeza dessas figuras pagãs, uma espécie de melancolia fundamental, não atesta o fato de que, de certa maneira, elas já pressentem que o verdadeiro Deus logo se revelará e que elas simplesmente nasceram um pouco cedo demais, de modo que não podem ser redimidas? E esta também não seria a lição fundamental da dialética hegeliana da alienação: não estamos lidando com o Paraíso que é perdido em razão de uma intrusão fatal? Já existe na satisfação paradisíaca (na satisfação da comunidade orgânica "ingênua") alguma coisa sufocante, um desejo profundo de ar fresco, de uma abertura que rompa o insuportável cerceamento; e esse desejo introduz no Paraíso uma Dor insuportável infinita, um desejo de escapar – a vida no Paraíso é sempre permeada de uma melancolia infinita. Talvez esse paradoxo explique também o grande paradoxo da melancolia: ela não se dirige em primeiro lugar ao passado paradisíaco do Todo orgânico equilibrado, perdido em razão de uma catástrofe, não é a tristeza causada por essa perda; a melancolia designa antes a atitude daqueles que ainda *estão* no Paraíso, mas já desejam sair dele; a atitude daqueles que, embora

---

4   Martin Heidegger, *The Fundamental Concepts of Metaphysics* (Bloomington, Indiana University Press, 1995), p. 271 [ed. bras.: *Os conceitos fundamentais da metafísica: mundo, finitude, solidão*, trad. Marco Antonio Casanova, 2. ed., Rio de Janeiro, Forense Universitária, 2011, §63, p. 346].

ainda em um universo fechado, já têm uma vaga premonição de outra dimensão que simplesmente está fora de seu alcance, pois chegaram um pouco cedo demais.

Longe de nos enredar em um disparate teleológico especulativo, essa leitura oferece a única maneira de evitar a abordagem evolutiva ingênua que vê o desenvolvimento histórico como desintegração gradual das formas orgânicas primordiais de vida (da *Gemeinschaft* à *Gesellschaft* etc.)\*. Ao contrário, é a noção evolutiva de progresso que é inerentemente teleológica, pois concebe os estágios superiores como resultado do desenvolvimento do potencial interno dos estágios inferiores. Em contraste com essa noção evolutiva de progresso, devemos nos prender à noção de que o Novo surge para resolver a insuportável tensão no Velho, uma tensão que, como tal, já estava "presente" no Velho de maneira negativa, na forma de tristeza e ânsia infinitas.

Foi isso que, em um nível totalmente diferente, Walter Benjamin tentou articular em sua noção explicitamente antievolutiva da promessa messiânica de um Ato revolucionário que redime retroativamente o próprio Passado: a revolução presente realizará retroativamente os desejos oprimidos de todas as tentativas revolucionárias fracassadas do passado. Isso significa que, em uma perspectiva propriamente *histórica* oposta ao historicismo evolutivo, o passado não é apenas passado, mas traz dentro de si a promessa utópica de uma Redenção futura. Para entender de modo apropriado uma época passada, não basta levar em conta as condições históricas das quais ela surgiu, é preciso levar em conta as esperanças utópicas de um Futuro, as quais foram traídas e oprimidas por ele – foram "negadas", não aconteceram – e fizeram a realidade histórica passada ser da maneira que foi. Para entender a Revolução Francesa, é preciso levar em conta também as esperanças utópicas de libertação que foram oprimidas por seu resultado, a realidade burguesa comum – e o mesmo vale para a Revolução de Outubro. Sendo assim, estamos lidando não com a teleologia idealista ou espiritualista, mas com a noção dialética de uma época histórica cuja definição "concreta" tem de incluir seus potenciais oprimidos, que foram inerentemente "negados" por sua realidade.

Colocando em termos ainda mais claros, quando dizemos que o presente redime o próprio passado, que o próprio passado continha sinais que apontavam para o presente, não estamos fazendo uma declaração relativista-historicista de que não existe história "objetiva", que sempre interpretamos o passado a partir do horizonte presente do entendimento, que, ao definir épocas passadas, nós sempre sugerimos – de maneira consciente ou não – nosso ponto de vista presente. O que estamos dizendo é algo muito mais radical: o que a posição *histórica* propriamente dita (em oposição ao historicismo) "relativiza" não é o passado (sempre distorcido por nosso ponto de vista atual), mas, paradoxalmente, *o próprio presente* – nosso presente somente pode ser concebido como resultado (não do que de fato aconteceu no

---

\* Da comunidade à sociedade. (N. T.)

passado, mas também) dos potenciais oprimidos para o futuro que estavam contidos no passado. Em outras palavras, não se trata apenas – como Foucault gostava de enfatizar à moda nietzschiana – do fato de cada história do passado ser, em última análise, a "ontologia do presente", de sempre percebermos nosso passado dentro do horizonte de nossas preocupações presentes ou de, ao lidar com o passado, lidarmos na verdade com os fantasmas do passado cuja ressuscitação permite que enfrentemos nossos dilemas presentes. Trata-se também do fato de que nós, os agentes históricos "efetivos" do presente, temos de conceber *a nós mesmos* como a materialização dos fantasmas das gerações passadas, como o estágio no qual essas gerações passadas resolvem retroativamente seus impasses.

Então, como devemos responder à crítica automática de que esse pressentimento melancólico do futuro só pode ser percebido se interpretarmos o passado da perspectiva do futuro – ou seja, distorcido por lentes teleológicas? Será que esse pressentimento melancólico não estava "realmente aí", mas era apenas um tipo de distorção de perspectiva, extraída do passado a partir de nosso ponto de vista mais recente? (Essa situação não é diferente da conhecida explicação circular do surgimento da linguagem, uma das matrizes elementares da ideologia; "as pessoas inventaram os sinais da linguagem porque tinham algo a dizer umas às outras" – como se, antes da linguagem, já existisse a necessidade dela.) No entanto, Marx não nos oferece uma saída quando destaca que é o homem que fornece a chave para a anatomia do macaco, e não o contrário? Em outras palavras, o erro da perspectiva evolutiva é aceitar o pressuposto "óbvio" de que o passado simples existiu, plenamente constituído em termos ontológicos, não "aberto", contendo os traços que apontavam para o futuro.

Essa problemática também nos permite lançar novas luzes sobre determinada oscilação fundamental em Lacan: o que vem primeiro, o significante ou algum impasse no Real? Às vezes, Lacan apresenta a traumática colonização do corpo humano pela Ordem simbólica parasitária como fato primordial: é a intervenção do Simbólico que descarrila, desconjunta o organismo natural em seu circuito equilibrado, transformando os instintos naturais em uma pulsão monstruosa que jamais pode ser plenamente satisfeita, pois está condenada a um eterno retorno "não-morto" a seu caminho, persistindo para sempre em uma imortalidade obscena. Outras vezes, de maneira mais mítico-especulativa, ele busca uma espécie de excesso ou desequilíbrio natural, um descarrilamento defeituoso, e então concebe a Ordem simbólica como in(ter)venção secundária destinada a "gentrificar" esse excesso monstruoso, a resolver seu impasse. Somos tentados a dizer que é aqui, entre essas duas versões, que passa a linha de separação entre o materialismo e o idealismo: a primazia da Ordem simbólica é claramente idealista; ela é, em última instância, uma nova versão da intervenção divina na ordem natural; já a segunda versão – o surgimento da Ordem simbólica como resposta a algum excesso monstruoso no Real – é a única solução materialista apropriada.

# 9
# A Estrutura e seu Acontecimento*

A relação entre a Estrutura e seu Acontecimento é indeterminável. Por um lado, o Acontecimento é o Real impossível de uma estrutura, de sua ordem simbólica sincrônica, o gesto gerador violento que ocasiona a Ordem legal que retroativamente torna "ilegal" esse mesmo gesto, relegando-o ao status espectral reprimido de algo que jamais pode ser totalmente reconhecido-simbolizado-confessado. Em suma, a Ordem estrutural sincrônica é um tipo de formador de defesa contra seu Acontecimento fundador que só pode ser discernido na forma de uma narrativa mítica espectral. Por outro lado, também podemos dizer o exato oposto: em última instância, o status desse Acontecimento em si (a narrativa mítica do violento gesto fundador primordial) não é fantasmático? Não é uma construção da fantasia para explicar o inexplicável (as origens da Ordem), ocultando ou tornando invisível o Real do antagonismo estrutural (impasse, impossibilidade) que impede a Ordem sincrônica estrutural de atingir seu equilíbrio? Em suma, o Acontecimento do crime primordial não é secundário, uma "projeção" retroativa para traduzir/transpor o antagonismo/impasse sincrônico em uma sucessão narrativa diacrônica? Desse modo, o circuito é perfeito: a Estrutura pode funcionar somente pela ocultação da violência de seu Acontecimento fundador; em última análise, contudo, a própria narrativa desse Acontecimento não é nada além de uma fantasia para resolver o antagonismo/inconsistência debilitante da Ordem sincrônica/estruturadora. Assim, mais uma vez, é preciso distinguir entre o Real impossível do antagonismo

---

\* O termo *Event*, derivado do francês *Événement*, costuma ser traduzido em português tanto por "Evento" quanto por "Acontecimento", seja no contexto do pensamento de Alain Badiou, seja no de Gilles Deleuze, Jacques Derrida, Michel Foucault e outros. Optamos aqui por "Acontecimento" por acreditar que essa palavra traduz melhor a ideia de algo que irrompe, que é subitâneo e inesperado. (N. T.)

"atemporal" e a narrativa fantasmática primordialmente reprimida que serve como suplemento espectral não reconhecido, porém necessário.

Com respeito à noção do ato como real, isso significa que existe um *ato* autêntico entre tempo e Eternidade. Por um lado, um ato é, como afirmaram Kant e Schelling, o ponto em que a "eternidade intervém no tempo", em que o encadeamento da sucessão causal temporal é interrompido, em que "alguma coisa surge-intervém do nada", em que algo acontece e não pode ser explicado como resultado ou consequência da cadeia antecedente (em termos kantianos, o ato designa a intervenção direta da dimensão numenal na fenomenalidade; em termos schellingianos, o ato designa o momento em que o princípio abissal/atemporal de identidade – "Fiz porque fiz, sem nenhuma razão particular" – suspende momentaneamente o reino do princípio da razão suficiente). Por outro lado, o ato é simultaneamente o momento em que o tempo surge na eternidade e da eternidade; como afirma Schelling, o ato é a decisão/separação primordial [*Ent-Scheidung*] que reprime em um passado eterno o impasse da pura simultaneidade; ele "rompe o impasse" ao perturbar o equilíbrio, ao privilegiar "unilateralmente" algum aspecto do Todo indiferenciado em relação a todos os outros aspectos[1]. Em suma, o ato propriamente dito é o paradoxo do gesto atemporal/"eterno" de superar a eternidade, abrindo a dimensão da temporalidade/historicidade.

Para entender esse ponto crucial, precisamos ter em mente que não existe "tempo como tal", existem apenas horizontes concretos de temporalidade/historicidade, e cada horizonte é fundamentado em um ato primordial de forclusão, de "repressão" de seu próprio gesto fundador. Segundo os termos de Ernesto Laclau, o antagonismo é esse ponto da "eternidade" da constelação social definido por seu antagonismo, o ponto de referência que gera o processo histórico como tentativa de resolvê-lo[2]. Nos termos de Judith Butler, o "apego apaixonado" talvez seja um candidato a essa "eternidade" dialética – a constelação libidinal primordialmente reprimida/renegada que não é simplesmente histórico-temporal, pois sua própria regressão gera e sustenta os múltiplos modos de historicização[3].

---

[1] Sobre a noção do ato, ver o capítulo 1 de Slavoj Žižek, *The Indivisible Remainder*, cit.
[2] Ver Ernesto Laclau, *Emancipation(s)* (Londres, Verso, 1995).
[3] Somos tentados a interpretar a passagem que Heidegger faz da sua prototranscendental "analítica do *Dasein*" para o conceito posterior de História do Ser segundo essa mesma linha de raciocínio: o núcleo não histórico dessa historicidade não é o trauma não resolvido de Heidegger em relação a seu envolvimento político com o nazismo? Quanto ao *silêncio* de Heidegger depois da guerra, sua persistente recusa de acertar contas em público com seu passado, inequivocamente para condenar o nazismo e seu papel nele, esse silêncio não é *expressivo*, não atesta de maneira inequívoca seu remanescente e traumático "apego apaixonado" ao sonho nazista, o fato de que ele jamais o superou, jamais se distanciou dele, jamais "sepultou o nazismo"? Não, Heidegger não "reprimiu" nem "apagou" simplesmente seu envolvimento político passado; seu recolhimento da vida pública nos últimos anos mostra, ao contrário, que a ferida ainda doía, que o assunto ainda era difícil e

Até mesmo um ramo aparentemente trivial como a moda nos dá um bom exemplo de como a ideologia desloca/esconde o antagonismo de classes. A moda do jeans lavado, por exemplo, resolve imaginariamente o antagonismo de classes ao oferecer um jeans que pode ser apropriado pelas pessoas "de baixo" e pelas pessoas "de cima" – as camadas mais altas da sociedade usam jeans lavado para parecer solidárias com as camadas populares, ao passo que os membros das camadas populares usam o jeans lavado para se parecer com os membros das camadas mais altas. Assim, quando membros das camadas mais baixas usam jeans lavado, a coincidência aparentemente direta entre o status social (pobreza) e a roupa (jeans usado e rasgado) esconde uma dupla mediação: eles estão imitando aqueles que imitam a aparência de uma classe operária popular imaginada. Aqui, a ironia é que a empresa especializada nesses produtos – criada para borrar/deslocar a lacuna de classes – chama-se, precisamente, *Gap* [Lacuna]. A importante lição teórica da Gap para um marxista, portanto, é que cada afirmação de uma posição de classes é totalmente diferencial/dialógica: não só no sentido de que cada posição afirma-se por meio do contraste com a posição oposta, mas também – e até primariamente – no sentido de que a afirmação da posição A sempre-já funciona de maneira minimamente reflexiva, como uma espécie de golpe preventivo: ela responde de antemão a uma possível crítica de B (seu oposto) ao deslocar/borrar a lacuna que a separa de B. Então, com respeito à moda, não se trata apenas de cada classe ou camada ter uma moda própria que "expressa" sua posição; não se trata apenas de essa moda não ser definida intrinsecamente, mas estar sempre em contraste com a moda de seu oposto (os operários franceses usam boina *porque seus chefes não as usam*); a questão é, antes, que a moda identificada com determinada camada é sempre mediada pela moda de sua estrutura oposta, num esforço para deslocar essa oposição. A reflexividade é primordial aqui: *jamais houve* um momento "inocente" original em que cada camada usasse roupas "próprias" (as camadas mais baixas, jeans lavado; as camadas mais altas, calças pretas muito bem passadas); desde o início, a oposição de classes era deslocada, presa na reflexividade de deslocamentos e golpes preventivos.

Agora também podemos arriscar a formulação precisa da relação propriamente dialética entre eternidade e tempo. A "eternidade" não é atemporal no simples sentido de persistir *para além* do tempo; ela é, antes, o nome do Acontecimento ou do Corte que sustenta, que abre a dimensão da temporalidade como a série ou sucessão de tentativas fracassadas de apreendê-la. O nome que a psicanálise dá a esse

---

tocante, ou seja, o único engajamento político imaginável para ele era o engajamento nazista, e a única alternativa era o recolhimento no puro pensamento (como um amante enganado que, decepcionado quando é traído pela parceira, se abstém de qualquer contato sexual futuro, ou seja, não pode partir para *outra* mulher e, assim, nesse verdadeiro ódio *universal* das relações sexuais, atesta o fato de que ele ainda é traumaticamente marcado por *aquele* contato fracassado).

Acontecimento/Corte é, obviamente, *trauma*. O trauma é "eterno", nunca pode ser propriamente temporalizado ou historicizado, é o ponto da "eternidade" em volta do qual o tempo circula – ou seja, é um Acontecimento acessível no tempo somente por meio de seus múltiplos traços. A eternidade e o tempo (no sentido da temporalização/historicização), portanto, estão longe de ser simplesmente opostos: em certo sentido, não existe tempo sem eternidade; a temporalidade é sustentada por nossa incapacidade de apreender/simbolizar/historicizar o trauma "eterno". Se o trauma fosse temporalizado/historicizado de maneira bem-sucedida, a própria dimensão do tempo imploriria/colapsaria em um Agora eterno e atemporal. Esse é o argumento que deve ser levantado contra o historicismo: ele não leva em conta a referência a algum ponto traumático da Eternidade que sustenta a própria temporalidade. Então, se afirmamos que cada constelação histórica concreta gera sua própria eternidade, isso *não* significa simplesmente que a Eternidade seja o mito ideológico gerado pela realidade histórica; é a Eternidade que, ao contrário, é *excluída* para que a realidade histórica possa manter sua consistência.

De especial interesse aqui são as consequências teológicas dessas considerações. As religiões pré-cristãs continuam no nível da "sabedoria": elas enfatizam a insuficiência de cada objeto finito temporal e pregam ou a moderação dos prazeres (deve-se evitar o apego excessivo aos objetos finitos, pois o prazer é transitório) ou o recolhimento diante da realidade temporal em favor do Verdadeiro Objeto Divino que, sozinho, pode proporcionar a Alegria Infinita. O cristianismo, ao contrário, oferece Cristo como indivíduo mortal-temporal e insiste que a crença no Acontecimento *temporal* da Encarnação seja a única via para a verdade e a salvação *eternas*. Nesse sentido preciso, o cristianismo é a "religião do Amor". No amor, nós escolhemos um objeto temporal finito que "significa mais do que qualquer outra coisa" e nos concentramos nele. O mesmo paradoxo também está em ação na ideia cristã específica da Conversão e da remissão dos pecados – a Conversão é um *acontecimento temporal* que muda a *própria eternidade*. O último Kant articulou a noção do ato numenal da escolha por meio do qual um indivíduo escolhe esse caráter eterno e, por isso, antes de sua existência temporal, delineia de antemão os contornos de seu destino na terra[4]. Sem o ato divino da Graça, nosso destino permaneceria imóvel, para sempre fixado por esse eterno ato de escolha; a "boa nova" do cristianismo, no entanto, é que, em uma Conversão genuína, o sujeito pode "recriar-se", ou seja, *repetir* esse ato e, assim, *mudar a (desfazer os efeitos da) própria eternidade*.

Chegamos aqui ao cerne da questão, o ponto delicado da relação entre judaísmo e cristianismo. O judaísmo, com seu "apego obstinado" (outro termo de Judith Butler) ao gesto fundador violento não reconhecido que assombra a ordem legal

---

[4] Ver o livro 1 de Immanuel Kant, *Religião nos limites da simples razão* (trad. Artur Morão, Lisboa, Edições 70, 2008).

pública como seu suplemento espectral, não é apenas cindido em si entre o aspecto "público" da Lei simbólica e seu outro lado obsceno (a narrativa "virtual" do excesso irredimível da violência que estabeleceu o próprio Estado de direito); essa cisão é, ao mesmo tempo, a cisão entre o judaísmo e o cristianismo. O paradoxo do judaísmo é que ele se mantém fiel ao Acontecimento fundador violento precisamente por *não* o confessar nem o simbolizar: esse status "reprimido" do Acontecimento é o que dá ao judaísmo sua vitalidade ímpar; foi o que permitiu que os judeus persistissem e sobrevivessem durante milhares de anos sem terra ou tradição institucional comum. Em suma, os judeus não *entregaram a alma**; eles sobreviveram a todos os suplícios precisamente porque se recusaram a *entregar a alma*, a cortar a ligação com sua tradição secreta e renegada. O cristianismo, por outro lado, é a religião da *confissão*. Como o próprio Freud destacou em *Moisés e o monoteísmo*, os cristãos estão prontos para *confessar* o crime primordial (na forma deslocada de assassinato não do Pai, mas de Cristo, o filho de Deus) e, assim, *revelar* seu impacto/peso traumático, fingindo que é possível fazer as pazes com ele.

Contra esse pano de fundo, podemos localizar a tese de Foucault de que a psicanálise é o último e conclusivo termo no modo de discurso confessional que começou com o cristianismo antigo[5]: se aqueles que enfatizam que a psicanálise é, em sua própria substância, continuamente marcada por uma atitude judaica, e que essa "judaicidade" permaneceu contra todas as tentativas de torná-la gentia e cortar seu cordão umbilical judeu (inclusive as do próprio Freud, quando designou Jung como seu herdeiro), estiverem corretos, então devemos chegar à conclusão inevitável de que a psicanálise, longe de ser um modo confessional de discurso, implica a aceitação e a admissão de que todas as formações discursivas são para sempre assombradas por algum "resto indivisível", uma "sobra" espectral traumática que resiste à "confissão", ou seja, à integração no universo simbólico – ou, em termos cristãos, que nunca pode ser redimida e resgatada, sepultada, pacificada/gentrificada. Obviamente, o nome freudiano para esse resto "não-morto" é, repetimos, *trauma* – é a referência implícita a algum núcleo traumático que persiste como resto "não-morto" obsceno/monstruoso, que mantém "vivo" um universo discursivo – isto é, não existe vida sem o suplemento da persistência espectral obscena-não-morta do "morto-vivo". Consequentemente, o objetivo máximo da psicanálise não é a pacificação/gentrificação confessional do trauma, mas a aceitação do fato de que nossa vida envolve um núcleo traumático por trás da redenção, que existe uma dimensão de nosso ser que resiste para sempre à redenção e à libertação.

---

\* No original, "*give up the ghost*". (N. T.)
[5] Ver Michel Foucault, *História da sexualidade I: a vontade de saber* (trad. Maria Thereza da Costa Albuquerque e J. A. Guilhon Albuquerque, 13. ed., Rio de Janeiro, Graal, 1999). Mais uma vez, devo esse argumento a Eric Santner (conversa privada).

Dito de outra maneira, o judaísmo representa o paradoxo do Universalismo que mantém sua dimensão universal justamente por seu "apego apaixonado" à mancha da particularidade que serve como sua fundação não reconhecida. O judaísmo, portanto, não só desvirtua a ideia do senso comum de que o preço que pagamos pelo acesso à universalidade é a renúncia de nossa particularidade, como também demonstra como a mancha da particularidade não reconhecida do gesto que gera o Universal é o último recurso da vitalidade do Universal; arrancado das raízes particulares irredimíveis/reprimidas, o Universal ossifica e torna-se uma forma universal abstrata, vazia e sem vida. Ou, em termos ainda mais específicos, o judaísmo, por assim dizer, inverte ironicamente o procedimento marxista padrão de discernir, na afirmação de um universal abstrato, o conteúdo particular que na verdade o hegemoniza ("os direitos universais do homem são efetivamente os direitos de... [brancos proprietários de terra]"\*); sua alegação implícita é que o conteúdo efetivo do "particularismo" judaico, de seu emperramento obstinado a um conjunto de prescrições particulares arbitrárias, nada mais é que a afirmação da Universalidade efetiva.

Justamente nesse ponto, no entanto, as coisas se complicam. O cristianismo representa realmente a passagem da universalidade que continua sustentando a ligação com a violência excessiva de seu Fundamento particular, a fonte de sua vitalidade, para a universalidade que oblitera os traços dessa violência contingente – que atinge a Redenção ao fazer as pazes com suas Origens traumáticas, ao representar de forma ritualística o Crime fundador e o Sacrifício que apaga seus traços, ao provocar a reconciliação no *ambiente* da Palavra? E se a cisão entre a Lei simbólica e o suplemento sombrio e obsceno da violência excessiva que a sustenta *não* for o horizonte último de nossa experiência? E se esse emaranhado da Lei com seu duplo espectral for precisamente o que, na famosa passagem da Epístola aos Romanos (Rm 7,7), são Paulo denuncia como aquilo que a intervenção do *ágape* cristão (caridade ou amor) permite que deixemos para trás? E se o *ágape* paulino, o movimento para além da implicação mútua de Lei e pecado, *não* for o passo rumo à plena integração simbólica da particularidade do Pecado no domínio universal da Lei, mas sim o seu exato oposto, o gesto desconhecido de deixar para trás o domínio da própria Lei, de "morrer para a Lei" como diz são Paulo (Rm 7,5)? Em outras palavras, e se a aposta cristã *não* for a Redenção no sentido da possibilidade de o domínio da Lei universal retroativamente "suprassumir" – integrar, pacificar, apagar – suas origens traumáticas, mas algo radicalmente diferente, o corte no nó górdio do círculo vicioso da Lei e sua Transgressão fundadora?

O que muitas pessoas podem considerar problemático no *ágape* paulino é que ele parece *superegotizar* o amor, concebendo-o de maneira quase kantiana – não como fluxo espontâneo de generosidade, não como posição assertiva, mas como

---

\* Colchetes de Slavoj Žižek. (N. E.)

*dever* autorrepressor de amar ao próximo e se importar com ele, como *trabalho duro*, como algo que deve ser realizado pelo esforço árduo de lutar e inibir nossas inclinações "patológicas" espontâneas. Como tal, o *ágape* é oposto a *eros*, que designa nem tanto a luxúria carnal, mas uma gentileza e um cuidado que fazem parte de nossa natureza e cuja realização gera sua própria satisfação. Mas seria essa, de fato, a posição de são Paulo? Essa atitude atribuída a ele não seria, antes, o amor *nos confins da Lei*, o amor como luta para suprimir o excesso de pecado gerado pela Lei? O verdadeiro *ágape* não está mais perto do ato modesto de distribuir a bondade espontânea[6]?

Na cena final de *A liberdade é azul*, de Kieślowski, esse *ágape* paulino recebe sua máxima expressão cinemática. Depois de fazer amor, Julie, a heroína, senta-se na cama e, em uma tomada longa e contínua (acompanhada do coro cantando os versículos sobre o amor de 1 Coríntios), a câmera cobre quatro cenas diferentes, deslizando lentamente de uma para a outra; essas cenas apresentam as quatro pessoas com quem Julie tem relação íntima: Antoine, o garoto que testemunhou o acidente de carro em que morreram seu marido e seus filhos; sua mãe, sentada em silêncio no quarto de uma casa de repouso; Lucille, sua jovem amiga *stripper*, dançando no palco de uma casa noturna; Sandrine, a amante do marido morto, tocando sua barriga nua na última fase da gestação de um filho do marido morto. A passagem contínua de uma cena para a outra (elas são separadas apenas por um fundo escuro borrado, filmado em panorâmica) cria o efeito de uma misteriosa sincronicidade que, de certa maneira, lembra a famosa tomada em 360 graus de *Um corpo que cai*, de Hitchcock: depois que Judy se transforma totalmente em Madeleine, o casal se abraça apaixonadamente e, enquanto a câmera faz um giro completo em volta deles, a cena escurece e o fundo que representa o cenário (o quarto de hotel de Judy) muda para o lugar onde aconteceu o último abraço de Scottie e Madeleine (o celeiro da missão de São João Batista) e depois volta a mostrar o quarto do hotel, como se, num espaço contínuo parecido com um sonho, a câmera passasse de um espaço para o outro em uma paisagem onírica indefinida, na qual as cenas

---

[6] Na história do cristianismo, nós temos, no momento espiritual singular do século XII, duas subversões interconectadas dessa posição entre *eros* e *ágape*: a versão cátara do cristianismo e o surgimento do amor cortês. Não surpreende que, embora opostos, ambos façam parte do mesmo movimento histórico – ambos envolvem um tipo de curto-circuito que, do ponto de vista paulino estrito, tem de parecer ilegítimo. A operação básica do amor cortês era *retraduzir de volta o ágape em eros*, redefinir o próprio amor sexual como Dever ético derradeiro e contínuo, elevar o *eros* ao nível do *ágape* sublime. Os cátaros, ao contrário, rejeitavam completamente o *eros* como tal – para eles, a oposição entre *eros* e *ágape* era elevada a uma polaridade cósmica gnóstico-dualista: não é possível nenhuma sexualidade permissível "moderada"; em última instância, todo ato sexual, mesmo com um cônjuge legítimo, é incestuoso, porque serve de propagação e reprodução da vida na Terra, e *este* mundo é obra de Satã – para os cátaros, o Deus que logo no início da Bíblia diz "Haja luz!" não é outro senão o próprio Satã.

individuais surgem da escuridão. Como devemos interpretar essa tomada única de *A liberdade é azul*? A resposta é dada pela maneira como ela se relaciona com a tomada única do início do filme, quando Julie, depois do acidente, está na cama do hospital, deitada em silêncio no estado atávico de choque absoluto. Em um *close* extremo, quase todo o quadro é preenchido pelo olho dela, e vemos os objetos do quarto refletidos nesse olho, como se fossem aparições espectrais desrealizadas de objetos parciais – é como se essa tomada resumisse a famosa passagem de Hegel sobre a "noite do mundo":

> O ser humano é esta noite, este nada vazio, que contém tudo em sua simplicidade – uma riqueza infindável de muitas representações, imagens, das quais nenhuma lhe pertence, ou não estão presentes. Esta noite, o interior da natureza, que existe aqui – o puro si – em representações fantasmagóricas, é noite em toda parte, na qual nasce aqui uma cabeça ensanguentada – e ali outra aparição branca e terrível, de repente aqui diante dela, e depois desaparece simplesmente. Avistamos esta noite quando olhamos os seres humanos nos olhos – uma noite que se torna terrível.[7]

O paralelo com *Um corpo que cai* impõe-se mais uma vez: na (merecidamente) famosa sequência dos créditos, curiosas formas gráficas, que parecem fazer alusão aos "atratores estranhos" da teoria do caos (desenvolvida décadas depois de o filme ter sido rodado), surgem da escuridão do olho de uma mulher. O *close* do olho de *A liberdade é azul* representa a morte simbólica de Julie – não sua morte real (biológica), mas a suspensão dos elos com o ambiente simbólico. A tomada final, ao contrário, representa a reafirmação da vida. Portanto, a interconexão das duas tomadas é clara: ambas representam uma cena fantasmática – nos dois casos, vemos objetos parciais flutuando no fundo escuro do Vazio (do olho no primeiro caso; da escuridão indefinida da tela no segundo). A tonalidade, no entanto, é diferente: da redução de toda a realidade ao reflexo espectral no olho, nós partimos para a claridade etérea de cenas cuja realidade (de ser parte de situações particulares de vida) também é suspensa, mas na direção de uma sincronicidade pura, de uma paralisação quase mística, de um Agora atemporal em que diferentes cenas, arrancadas de seus contexto particular, vibram umas nas outras. As duas tomadas, portanto, representam os dois aspectos opostos da *liberdade*: a liberdade "abstrata" da pura negatividade autorrelativa, do recolhimento-para-dentro-de-si, do corte das ligações com a realidade; e a liberdade "concreta" da aceitação amorosa dos outros, da experiência de si mesmo como livre, como alguém que encontra a plena realização na relação com os outros. Nos termos de Schelling, a passagem da primeira para a segunda é a passagem da *contração* egoísta extrema para a *expansão* irrestrita. Desse

---

[7] G. W. F. Hegel, "Jenaer Realphilosophie", em *Frühe politische Systeme* (Frankfurt, Ullstein, 1974), p. 204, citado em Donald Phillip Verene, *Hegel's Recollection* (Albany, Suny Press, 1985), p. 7-8. Para uma leitura mais profunda dessa passagem, ver o capítulo 1 de Slavoj Žižek, *O sujeito incômodo*, cit.

modo, no fim da cena, quando Julie chora (o que, até esse momento, ela não havia sido capaz de fazer), seu trabalho de luto é realizado, ela é reconciliada com o universo; suas lágrimas não são lágrimas de dor e tristeza, mas do *ágape*, de um "Sim!" para a vida em sua misteriosa multitude sincrônica[8].

Outra maneira de abordar o mesmo problema seria pelo tema da iconoclastia. O argumento usual é que os deuses pagãos (pré-judaicos) eram "antropomórficos" (os deuses gregos antigos fornicavam, trapaceavam, envolviam-se em outras paixões humanas ordinárias etc.), ao passo que a religião judaica, com sua iconoclastia, foi a primeira a "desantropomorfizar" totalmente a Divindade. Mas e se as coisas fossem exatamente o oposto? E se a própria necessidade de proibir o homem de criar imagens de Deus atestasse a "personificação" de Deus identificável nas palavras Dele: "Façamos o homem à nossa imagem, como nossa semelhança" (Gn 1,26). E se o verdadeiro alvo da proibição iconoclasta judaica não fossem as religiões pagãs, mas *a própria* "antropomorfização"/"personificação" de Deus? E se a *própria* religião judaica gerasse o excesso que ela tem de proibir? Nas religiões pagãs, tais proibições seriam *insignificantes*. (Então, o cristianismo dá um passo adiante, afirmando não só a semelhança entre Deus e o homem, mas a *identidade* direta deles na figura de Cristo: "Não admira que o homem se pareça com Deus, pois *o* homem [Cristo] *é* Deus".)* De acordo com a noção-padrão, os pagãos eram antropomórficos, os judeus eram radicalmente iconoclastas e o cristianismo opera uma espécie de "síntese", uma regressão parcial ao paganismo, introduzindo o definitivo "ícone que apaga todos os outros ícones", o de Cristo sofredor. Contra esse argumento, devemos dizer que é a religião judaica que continua sendo uma negação "abstrata/imediata" do antropomorfismo e, como tal, mantém-se apegada a ele, determinada por ele em sua própria negação direta, enquanto o cristianismo é o único que realmente "suprassume" o paganismo.

No nível do imaginário, o homem é feito à imagem e semelhança de Deus. A religião judaica é uma negação imediata disso: não devemos retratar Deus, pois Ele não tem uma face que nos seja acessível. O cristianismo, por outro lado, não precisa mais dessa proibição porque sabe que a imagem-rosto é uma *aparência*. Em resposta sentimental a uma criança que perguntou como era o rosto de Deus, um padre disse que sempre que ela encontrasse um rosto radiante de bondade e benevolência, independentemente do dono daquele rosto, ela teria um vislumbre do rosto de Deus. A verdade desse chavão sentimental é que o Suprassensível (rosto de Deus) é perceptível como uma aparição momentânea e efêmera, uma "careta", de um rosto terreno. É *nesse* sentido (uma "aparência" que, por assim dizer,

---

[8] Para essa leitura de *A liberdade é azul*, de Kieślowski, baseio-me novamente em Charity Scribner, *Working Memory*, cit.
\* Colchetes de Slavoj Žižek. (N. E.)

transubstancia um pedaço da realidade em algo que, por um breve momento, radia a Eternidade suprassensível) que o homem é como Deus: nos dois casos, a estrutura é a de uma *aparência*, de uma dimensão sublime que *surge através* da imagem sensível da face – ou, como diz Lacan, seguindo Hegel, o suprassensível é a aparência como tal. O argumento crítico de Butler de que o Simbólico lacaniano é simplesmente um *imaginário hegemônico*[9] pode, portanto, ser aceito – desde que se defina "hegemonia" no sentido lacaniano estrito, não apenas como elevação de certa matriz imaginária a regra e/ou modelo global reificado/codificado. Ou seja, a diferença entre Imaginário propriamente dito e Simbólico *enquanto* Imaginário "como tal" é a diferença da competição entre Zêuxis e Parrásio da anedota tantas vezes citada por Lacan: um foi ludibriado pela própria imagem, tomando pássaros pintados por pássaros "reais", enquanto o outro, confrontado com a pintura de uma cortina, diz ao pintor: "Abra a cortina e mostre o que há por trás dela!". No segundo caso, a imagem nos engana não porque nos faz tomar o objeto pintado pela "coisa real", mas por nos levar a acreditar que há uma "coisa real" escondida atrás dela – e, nesse segundo caso, o logro da imagem é propriamente simbólico. A dimensão simbólica propriamente dita, portanto, é a da *aparência* – aparência precisamente como oposta ao simulacro imaginário. Em uma aparência sublime, o conteúdo imaginário positivo é um substituto do Além "impossível" (a Coisa, Deus, Liberdade etc.) – assim como, para Laclau, "hegemonia significa a representação, por um [conteúdo] particular, de uma totalidade impossível com a qual ela não tem nenhuma relação"[10]. Em suma, no momento em que entramos na dimensão da aparência simbólica, o conteúdo imaginário é aprisionado/inscrito numa dialética entre vazio e negatividade[11].

---

[9] Ver a leitura crítica sistemática que Judith Butler faz de Lacan em *Bodies that Matter* (Nova York, Routledge, 1993), p. 57-91.

[10] Ernesto Laclau, "The Politics of Rhetoric", comunicação na conferência *Culture and Materiality*, University of California, Davis, 1988.

[11] O conceito lacaniano de sublimação é resultado de uma operação muito simples, porém radical: ele junta a problemática freudiana da "sublimação" (que, em termos um tanto simplificados, envolve o deslocamento da libido de um objeto que satisfaz uma necessidade material imediata para um objeto que não tem conexão aparente com essa necessidade: a crítica literária destrutiva torna-se agressividade sublimada; a pesquisa científica sobre o corpo humano torna-se voyeurismo sublimado...) à noção kantiana de "Sublime" (objeto/evento empírico que, por sua própria incapacidade de representar de maneira adequada a Ideia numenal evoca essa Ideia transfenomenal, como na famosa noção de fenômenos naturais extremos, como tempestades e terremotos, que, em sua própria grandiosidade, deixa de representar de maneira adequada a liberdade numenal e, assim, dá origem ao raciocínio de que "até a Natureza, em sua manifestação mais poderosa, é infinitamente menor que minha liberdade"). Lacan substitui a Coisa numenal kantiana pela Coisa impossível/real, o objeto definitivo do desejo – o movimento primordial de "sublimação", portanto, não é das necessidades concretas materiais, sexuais etc. para os interesses "espirituais", mas a passagem da libido do vazio da Coisa "imprestável" para um objeto material concreto de

Na filosofia, foi Schelling quem mostrou que a "humanização" cristã de Deus não envolve de modo nenhum a redução antropomórfica de Deus a uma criação fantasmática humana. Os textos claramente antropológicos de Schelling tendem a ser chatos e decepcionantes; no entanto, quando ele evoca temas antropológicos (ou melhor, insights sobre a psique humana) como "ilustrações" ou metáforas para explicar suas ruminações teosóficas mais abstratas (por exemplo, para explicar a enunciação divina da Palavra que resolve o impasse da loucura debilitante de Deus, ele evoca a experiência psicológica comum de solucionar a prolongada e incapacitante indecisão pelo ato de subitamente "encontrar a palavra correta"), o resultado é uma revelação verdadeiramente impactante. Essa discrepância deveria nos alertar contra a afirmação reducionista de que a narrativa mitopoética daquilo que se passava na cabeça de Deus antes da criação do mundo é simplesmente uma apresentação mistificada de observações psicológicas profundas – essa leitura que reduz Schelling a um psicólogo profundo e complexo de certa maneira passa ao largo da questão.

Aqui somos tentados a repetir a famosa reversão que Adorno faz da arrogante pergunta historicista de Croce sobre "o que está morto e o que está vivo na dialética de Hegel" (título de sua obra mais importante)[12]: a pergunta que devemos fazer hoje não é a pergunta historicista sobre "Como fica a obra de Schelling no que se refere à constelação atual? Como devemos interpretá-la de modo que nos diga algo?", mas "*Como ficamos* nós, hoje, *com relação a (aos olhos de) Schelling*?". Além disso, a mesma reversão deve ser aplicada à própria relação entre Deus e o homem: o problema de Schelling não é "O que Deus significa aos nossos olhos – humanos? Ele ainda significa alguma coisa? É possível explicar a história humana sem nenhuma referência a Deus? Deus é apenas uma projeção das fantasias humanas?", mas sim o *oposto*: "*O que significa* o homem *aos olhos de Deus*?". Ou seja, não devemos nos esquecer nunca de que o ponto de partida de Schelling é sempre Deus, o próprio Absoluto; consequentemente, seu problema é: "Que papel o surgimento do homem desempenha na vida divina? Por que, para resolver que tipo de impasse, Deus teve de criar o homem?". Nesse contexto, a crítica ao "antropomorfismo" a propósito do uso das observações psicológicas que Schelling faz em sua descrição da

necessidade que assume uma qualidade sublime no momento em que ocupa o lugar da Coisa. É por isso que Lacan define a sublimação como elevação de um objeto à dignidade da Coisa; a "sublimação" ocorre quando um objeto, parte da realidade cotidiana, encontra-se no lugar da Coisa impossível. Essa Coisa é inerentemente anamórfica: só pode ser percebida quando vista de lado, em uma forma parcial e distorcida, como sua própria sombra – se olhamos diretamente para ela, não vemos nada, apenas o mero vazio. (De maneira homóloga, poderíamos falar de uma anamorfose temporal: a Coisa só é alcançável por um adiamento incessante, como seu ponto de referência ausente.) A Coisa, portanto, é literalmente algo criado – cujo lugar está cercado – por meio de uma rede de desvios, aproximações e quase acertos.

[12] Ver Theodor W. Adorno, *Drei Studien zu Hegel* (Frankfurt, Suhrkamp, 1963), p. 13.

vida divina passa mais uma vez ao largo da questão; o "antropomorfismo", na descrição da vida divina, não só não deve ser evitado, como deve ser abertamente defendido – não porque o homem é "similar" a Deus, mas porque o homem *é* parte direta da vida divina, ou seja, porque é somente no homem, na história humana, que Deus realiza plenamente a Si mesmo, que Ele se torna um Deus vivo efetivo.

# 10
# Do Decálogo aos direitos humanos

Contra o furioso ataque atual do neopaganismo da Nova Era, parece teoricamente produtivo e politicamente importante nos prendermos à lógica judaico-cristã. Nessa linha neopagã, John Gray, autor de *Homens são de Marte, mulheres são de Vênus*\*, propôs recentemente, em uma série de programas com Oprah Winfrey, uma versão vulgarizada de psicanálise narrativista-desconstrucionista: já que nós, em última análise, "somos" as histórias que contamos a nós mesmos a nosso respeito, a solução para o impasse psíquico está em uma reescrita criativa "positiva" da narrativa de nosso passado. O que Gray tem em mente não é apenas a terapia cognitiva padrão, em que as "falsas crenças" negativas sobre nós mesmos são transformadas em uma atitude mais positiva da garantia de que somos amados pelos outros e capazes de realizações criativas, mas sim uma noção pseudofreudiana mais "radical" de regresso à cena da ferida traumática primordial. Ou seja, Gray aceita a noção psicanalítica de um núcleo duro de alguma experiência traumática na primeira infância que marca para sempre o desenvolvimento futuro do sujeito, dando-lhe uma virada patológica – ele propõe que, depois de regressar à cena traumática primordial e confrontá-la diretamente, o sujeito deve, sob orientação do terapeuta, "reescrever" essa cena, esse quadro fantasmático decisivo de sua subjetividade, como uma narrativa mais "positiva", benigna e produtiva. Por exemplo, se a cena traumática primordial que persiste em seu inconsciente, distorcendo e inibindo uma atitude criativa, for a do pai gritando "Você é inútil! Eu desprezo você! Você não serve para nada!", o sujeito deveria reescrevê-la com um pai benévolo, sorrindo gentilmente e dizendo: "Você é ótimo, confio totalmente em você!". (Em um desses programas com Oprah Winfrey, Gray fez essa experiência de reescrita do passado com uma mulher que, no fim, o abraçou agradecida, chorando de

---

\* Ed. bras.: trad. Aulyde Soares Rodrigues, 12. ed., Rio de Janeiro, Rocco, 1997. (N. E.)

felicidade por não ser mais perseguida pela atitude desdenhosa do pai em relação a ela.) Se levarmos o jogo até o fim, quando o Homem dos Lobos "regressou" à cena traumática que determinou seu desenvolvimento psíquico subsequente – testemunhar o *coitus a tergo* dos pais –, a solução seria reescrever o momento, de modo que aquilo que ele viu fosse, na verdade, apenas os pais deitados na cama, o Pai lendo jornal e a Mãe lendo um romance água com açúcar.

Por mais ridículo que pareça esse procedimento, não devemos nos esquecer de que também existe uma versão politicamente correta: a das minorias étnicas, sexuais etc., que reescrevem seu passado por uma linha assertiva mais positiva (afro-americanos afirmando que, muito antes da modernidade europeia, os antigos impérios africanos já tinham uma ciência e uma tecnologia altamente desenvolvidas etc.). Nessa mesma esteira, podemos inclusive imaginar a reescrita do próprio Decálogo: existe algum mandamento que seja severo demais? Voltemos à cena do monte Sinai: o adultério – sim, se for sincero e servir ao objetivo de nossa profunda realização-de-si. O que desaparece nessa redução total do passado a sua subsequente reescrita retroativa não são primeiramente os "fatos concretos", mas o Real de um encontro traumático cujo papel estruturador na economia psíquica do sujeito resiste eternamente a sua reescrita simbólica.

Essa menção ao Decálogo não é fortuita. Na tradição ocidental, o caso exemplar desse Real traumático é a Lei judaica. Não nos esqueçamos de que, na tradição judaica, a lei divina mosaica é vivenciada como *externamente imposta, contingente e traumática* – em suma, como uma Coisa real/impossível que "constitui a lei". O que é provavelmente a cena definitiva da interpelação religioso-ideológica – o pronunciamento do Decálogo no monte Sinai – é o exato oposto de algo que surge "organicamente" como resultado da via do autoconhecimento e da autorrealização. A tradição judaico-cristã, portanto, deve ser estritamente oposta à problemática da autorrealização ou autossatisfação gnóstica da Nova Era: quando o Antigo Testamento nos manda amar e respeitar o próximo, ele não está se referindo ao nosso duplo/*semelhante* imaginário, mas ao próximo *enquanto* Coisa traumática. Em contraste com a atitude da Nova Era que acaba reduzindo meu Outro/Próximo a minha imagem especular ou a um passo ao longo do caminho de minha autorrealização (como na psicologia junguiana, em que os outros a minha volta são reduzidos, em última análise, a exteriorizações/projeções de diferentes aspectos renegados de minha própria personalidade), o judaísmo inicia uma tradição em que um núcleo traumático alienígena persiste eternamente em meu Próximo – o Próximo continua sendo uma presença inerte, impenetrável, enigmática, que me *histericiza*. (Outro aspecto dessa mesma constelação – o inverso do fato de que o Deus judaico é esvaziado de *jouissance*, reduzido a um Nome autorreferencial, à subjetividade de um enunciador puro e não-substancial – é que o único terreno em que podemos demonstrar nossa devoção à Lei divina é o do "amor ao próximo", de nossa atividade ético-social; mais uma vez, não existe atalho para contatarmos a dimensão divina pela "via interior" da autorrealização espiritual mística.) Contra esse pano de fundo, vemos também em que sentido Lacan é radicalmente *antinarrativista*: ao insistir que o encontro com a Lei simbólica é o encontro com algum Real traumático e impenetrável, ele inscreve diretamente a psicanálise na tradição judaica.

Também é fundamental não nos esquecermos da interconexão entre o Decálogo (os mandamentos divinos impostos de maneira traumática) e seu anverso moderno, os enaltecidos "direitos humanos"[1]. Como demonstra amplamente a experiência de nossa sociedade pós-política liberal-permissiva, os direitos humanos são, no fundo, apenas *direitos de violar os Dez Mandamentos*. "Direito à privacidade" – direito ao *adultério*, em segredo, onde ninguém me vê ou tem o direito de se meter em minha vida. "Direito de buscar a felicidade e possuir propriedade privada" – direito de *roubar* (explorar os outros). "Liberdade de imprensa e expressão de opinião" – direito de *mentir*. "Direito dos cidadãos livres de possuir armas" – direito de *matar*. Por fim, "liberdade de crença" – direito de adorar falsos deuses. É claro, os direitos humanos não perdoam *diretamente* a violação dos Dez Mandamentos; a questão é simplesmente que eles abrem uma "zona cinzenta" que deveria continuar fora do alcance do poder (religioso ou secular). Nessa área sombria, posso violar os mandamentos e, se o poder intervier, pegando-me com as calças na mão e tentando impedir minhas transgressões, posso gritar: "Isso é uma violação de meus direitos humanos básicos!". A questão, portanto, é que é estruturalmente possível, para o Poder, traçar uma linha clara de separação e impedir apenas o "mau uso" de um direito e, ao mesmo tempo, não se intrometer no uso adequado, ou seja, no uso que *não* viola os mandamentos[2].

Há uma situação análoga com respeito ao procedimento heterossexual de sedução em nossos tempos de politicamente correto: na verdade, os dois cenários, o do comportamento politicamente correto e o da sedução, não se cruzam em lugar nenhum; em outras palavras, não existe sedução que, de algum modo, não seja um assédio ou uma intrusão "incorreta" – em algum momento é preciso se expor e "dar em cima". Isso significa que, do início ao fim, toda sedução é assédio? Não, e essa é a armadilha: quando damos em cima de alguém, nós nos expomos ao Outro (o parceiro em potencial), que decide retroativamente, por sua reação, se o que acabamos de fazer é assédio ou um ato de sedução bem-sucedido. Não há como

---

[1] Baseio-me aqui em Julia Reinhard Lupton e Kenneth Reinhard, "The Subject of Religion: Lacan and the Ten Commandments", *Diacritics* n. 33, v. 2, p. 71-97, 2003.

[2] Nesse contexto, o próprio Lacan chama a atenção para a resistência ao uso de detectores de mentira em investigações criminais – como se uma verificação "objetiva" tão direta infringisse de certa maneira o direito do sujeito à privacidade de seus pensamentos.

dizer de antemão que reação será essa. É por isso que em geral mulheres assertivas menosprezam homens "fracos" – porque eles têm medo de se expor, de correr o risco necessário. E talvez isso seja ainda mais verdadeiro em nossos tempos de politicamente correto: as proibições do politicamente correto não são regras que, de um modo ou de outro, devem ser violadas no processo de sedução? A arte do sedutor não é realizar essa violação da maneira apropriada para que posteriormente, pela aceitação desse ato, seu aspecto violador seja retroativamente anulado?

A oposição entre os mandamentos do Decálogo e os direitos humanos já não é fundamentada na tensão entre o Decálogo e a injunção de "amar ao próximo"? Essa injunção não proíbe nada; ao contrário, ela nos convoca a uma atividade *para além* dos confins da Lei, ordenando-nos a fazer sempre mais e mais, a "amar" ao próximo não apenas em sua dimensão imaginária (como nosso *semblant*, imagem especular, em nome da noção de Bem que impomos a ele, de modo que, até quando agimos e o ajudamos "para seu próprio Bem", obedecemos a *nossa* noção do que é bom para ele); não apenas em sua dimensão simbólica (o sujeito simbólico abstrato dos Direitos), mas como o Outro no próprio abismo de seu Real, o Outro como um parceiro propriamente *inumano*, "irracional", radicalmente mal, caprichoso, revoltante, repugnante etc. Em suma, para além do Bem. Esse Outro-inimigo não deveria ser punido (como exige o Decálogo), mas aceito como "próximo"[3]. (O extraordinário filme *Os últimos passos de um homem*, de Tim Robbins, representa o próprio impasse do "amor ao próximo": a irmã Helen vai até o fim, aceitando a humanidade do Outro, um racista, assassino e estuprador absolutamente desprezível.) Há uma dupla defesa contra esse profundo "amor ao próximo": o "entendimento" racionalista/humanista (tentamos reduzir o abismo traumático do Outro explicando-o como resultado do condicionamento social, ideológico, psicológico etc.) ou a fetichização do Mal radical do nosso próximo na Alteridade absoluta (digamos, do Holocausto) que assim se torna intocável, não politizável, impossível de ser explicado nos termos de uma luta de poder.

Vemos que os direitos humanos e o "amor ao próximo" *enquanto* Real são dois aspectos do mesmo gesto de ir além do Decálogo: o derradeiro "sujeito dos direitos humanos" é justamente o Próximo como *Ding* [coisa] real/impossível além do alcance da Lei – o "direito (humano)" é o direito infinito do abismo da subjetividade além da Lei. A recusa judaica de afirmar o amor ao próximo fora dos confins da Lei visa a evitar que esse amor se degrade em um (des)conhecimento narcisista de minha imagem especular – é possível, no entanto, conceber o Amor ao Outro *enquanto* Coisa que evita a regressão narcisista *e* ao mesmo tempo permanece fora dos confins da Lei? A resposta definitiva da injunção de "amar ao próximo" é "Sim!". A relações especulares imaginárias *e* a Lei simbólica são precisamente as duas *defesas*

---

[3] Ver Paul Moyaert, "Lacan on Neighborly Love", *Epoché*, Providence (UT), n. 1, 1996, p. 1-31.

contra o Próximo *enquanto* Real. Também vemos, no entanto, que os direitos humanos não são simplesmente opostos aos Dez Mandamentos, mas a "transgressão inerente"[4] *gerada* pelos mandamentos – não há espaço para os direitos humanos fora do terreno do Decálogo. Aqui devemos nos lembrar mais uma vez da famosa passagem de são Paulo sobre a interconexão entre Lei e pecado – sobre como a própria Lei gera desejos pecaminosos. Como apontou Lacan, o próprio texto do Decálogo é ambíguo nesse aspecto. "Não terás outro deus *diante de mim*": "Quererá dizer que quando não se está diante de Deus, isto é, fora de Canaã, a adoração de outros deuses não é, para o judeu fiel, inconcebível?"[5]. Em outras palavras, isso significa que o importante é simplesmente manter as aparências – podemos fazê-lo em privado, onde o grande Outro não nos vê? Isso significa que o Deus ciumento do Decálogo era como uma esposa cuja mensagem ao marido infiel é: "Faça, mas faça de um jeito que eu não tome conhecimento de nada!". E o que o cristianismo faz aqui? Ele simplesmente "fecha o espaço", proibindo até mesmo a transgressão inerente, exigindo que respeitemos os mandamentos de Deus não só "diante Dele", mas também no fundo de nosso coração? Ou ele se esforça para romper o próprio círculo vicioso de Lei e pecado?

---

[4] Sobre essa noção, ver o capítulo 3 de Slavoj Žižek, *As metástases do gozo*, cit.
[5] Jacques Lacan, *O seminário,* livro 7, cit., p. 101.

# 11
## O PRINCÍPIO DA CARIDADE

Então, repetimos, em que consiste exatamente o gesto cristão elementar, mais bem designado pelo *ágape* paulino? Em *Inquiries into Truth and Interpretation* [Investigações acerca da verdade e da interpretação], Donald Davidson desenvolveu o que chamou de princípio da caridade, a "suposição caridosa sobre a inteligência humana que poderia se revelar como falsa": "o desacordo e o acordo igualmente só são inteligíveis contra o pano de fundo de um acordo maciço"; ou seja, "o que torna possível a interpretação é o fato de podermos descartar *a priori* a chance do erro maciço"[1]. Como enfatiza Davidson, essa suposição não é simplesmente uma escolha, mas um tipo de *a priori* da fala, um pressuposto que adotamos em silêncio e seguimos a partir do momento em que nos envolvemos na comunicação com os outros:

> Como a caridade não é uma opção, mas uma condição para ter uma teoria que funcione, não faz sentido sugerir que poderíamos incorrer em um erro maciço ao adotá-la [...]. A caridade é forçosa; gostemos ou não, se quisermos entender os outros, devemos considerar que estão certos na maioria das questões.[2]

O princípio da caridade de Davidson, portanto, é outro nome para o "grande Outro" lacaniano como garantia final da Verdade, ao qual devemos faz referência até mesmo quando estamos mentindo ou tentando ludibriar nossos parceiros na comunicação, precisamente para obtermos êxito em nosso engano. Devemos nos lembrar, no entanto, que Lacan, em seus últimos anos de ensino, por duas vezes fez ressalvas a esse status do grande Outro:

---

[1] Ver Donald Davidson, *Inquiries into Truth and Interpretation* (Oxford, Clarendon, 1984), p. 137 e 168-9.
[2] Ibidem, p. 197.

• Primeiro, já no início da década de 1950, quando enfatizou o fato de que, em última instância, o "ponto de estofo", o Significante-Mestre quase-transcendental que garante a consistência do grande Outro, é *falso*, um significante vazio, sem significado. Basta nos lembrarmos de como funciona uma comunidade: o Significante-Mestre que garante a consistência da comunidade é um significante cujo significado é um enigma para os próprios membros – ninguém sabe exatamente o que quer dizer, mas cada um dos membros pressupõe de alguma maneira que o outro sabe, que tem de significar "a coisa real", então eles o usam o tempo todo. Essa lógica está em ação não só nas ligações político-ideológicas (com diferentes termos para a *cosa nostra*: nossa nação, revolução etc.), mas também nas próprias comunidades lacanianas, nas quais o grupo se reconhece pelo uso comum de jargões cujo significado não é claro para ninguém, seja "castração simbólica", seja "sujeito dividido" – todos se referem a eles, e o que mantém o grupo unido é, no fim das contas, sua própria *ignorância* compartilhada. O argumento de Lacan, obviamente, é que a psicanálise deveria permitir que o sujeito *rompesse* com essa segura dependência do Significante-Mestre enigmático.

• Segundo, e de maneira ainda mais radical, em *O seminário 20: mais, ainda*, quando desenvolveu a lógica do "não-todo" e da exceção constitutiva do universal[3]. O paradoxo da relação entre a série (dos elementos que pertencem ao universal) e sua exceção não reside apenas no fato de que "a exceção fundamenta a regra (universal)", que cada série universal envolve a exclusão de uma exceção (todos os homens têm direitos inalienáveis, com exceção dos loucos, dos criminosos, dos primitivos, dos sem instrução, das crianças etc.). O ponto propriamente dialético reside antes no modo como uma série e uma exceção *coincidem diretamente*: a série é sempre a série de "exceções", de entes que exibem certa qualidade excepcional que os qualifica à série (de heróis, de membros da comunidade, de verdadeiros cidadãos etc.). Recordemos a lista de conquistas do sedutor-padrão: cada uma delas é "uma exceção", cada uma foi seduzida por um *je ne sais quoi*, e a série é precisamente a série dessas figuras excepcionais.[4]

A mesma matriz também está em ação nas mudanças da noção lacaniana de sintoma. Ou seja, é melhor tratar o que diferencia o último estágio dos ensinamen-

---

[3] Ver Jacques Lacan, *O seminário,* livro 20, cit.
[4] Devo esse argumento a uma conversa com Alenka Zupančič. Mais um exemplo: o impasse do "casamento aberto" de Jean-Paul Sartre e Simone de Beauvoir. Quando lemos suas cartas, fica claro que esse "pacto" era, na verdade, assimétrico e não funcionou, gerando muitos traumas para Beauvoir. Ela esperava que, embora Sartre tivesse uma série de outras amantes, ela fosse a Exceção, a verdadeira ligação de amor; para Sartre, ao contrário, ela não era apenas uma na série, mas era precisamente *uma das exceções* – sua série era uma série de mulheres, cada uma com "algo excepcional" para ele.

tos de Lacan dos estágios anteriores pelo status modificado da noção de sintoma. Antes, o sintoma era uma formação patológica que deveria ser (idealmente, pelo menos) dissolvida na e pela interpretação analítica; uma indicação de que o sujeito, de algum modo e em algum lugar, comprometia seu desejo ou uma indicação da deficiência ou mau funcionamento da Lei simbólica que garante a capacidade de desejar do sujeito. Em suma, os sintomas eram a série de *exceções*, perturbações, maus funcionamentos, medida pelo ideal da plena integração na Lei simbólica, o grande Outro. Posteriormente, no entanto, com a noção de sintoma universalizado, Lacan realizou a passagem paradoxal da lógica "masculina" da Lei e sua exceção constitutiva para a lógica "feminina", na qual *não* há exceção à série de sintomas, na qual há *apenas* sintomas, e a Lei simbólica (o Nome paternal) no fundo é apenas um sintoma (o mais eficaz, o mais estabelecido etc.) na série de sintomas. Este, segundo Jacques-Alain Miller, é o universo de Lacan em *O seminário 20*: um universo de cisão radical (entre significante e significado, entre a *jouissance* das pulsões e a *jouissance* do Outro, entre masculino e feminino), no qual nenhuma Lei apriorística garante a conexão ou sobreposição entre os dois lados, de modo que apenas os sintomas-nós parciais e contingentes (pontos de estofo, pontos de gravitação) podem gerar uma coordenação frágil e limitada entre os dois domínios. Nessa perspectiva, a "dissolução de um sintoma", longe de ocasionar o estado não patológico da plena capacidade de desejo, leva, antes, a uma catástrofe psicótica total, à dissolução de todo o universo do sujeito[5]. Não existe um "grande Outro" para garantir a consistência do espaço simbólico que habitamos; há apenas pontos de estabilidade contingentes, locais e frágeis.

A diferença entre estas duas noções de sintoma – o particular e o universalizado ("*sinthome*") – explica as duas leituras opostas do encerramento de *Um corpo que cai*, de Hitchcock (Scottie no alto da torre da igreja, olhando para o abismo em que Judy-Madeleine, seu amor absoluto, desapareceu segundos antes): alguns intérpretes veem nessa cena a indicação de um final feliz (Scottie finalmente se livrou da agorafobia e é totalmente capaz de enfrentar a vida), enquanto outros veem nela absoluto desespero (se Scottie sobreviver à segunda perda de Judy-Madeleine, ele sobreviverá como morto-vivo). Tudo depende de como lemos a afirmação lacaniana de que "a mulher é sintoma do homem". Se usamos o termo "sintoma" em seu

---

[5] Essa passagem da tensão externa entre a Lei e a série de sintomas "patológicos" como indícios do fracasso da Lei para o espaço em que existem *apenas* sintomas não repete a matriz básica da crítica hegeliana a Kant, em que a condição de impossibilidade (o obstáculo "patológico" que para sempre impede a realização da Lei) coincide com a condição de *possibilidade*? Ou seja, o que a Lei percebe como obstáculo a sua plena efetivação não seria a própria condição de seu funcionamento, de modo que a Lei, ao combater tão fortemente os sintomas, destrói sua fundação? Em outras palavras, a lacuna entre a Lei e seus sintomas é agora posta como interna aos próprios sintomas (assim como, na lógica de Hegel, o próprio Universal é uma de suas espécies particulares).

sentido tradicional (formação patológica que atesta o fato de que o sujeito foi traído por seu desejo), então a tomada citada implica um final feliz: a obsessão de Scottie por Madeleine era seu "sintoma", o sinal de sua fraqueza ética, de modo que, quando ele se livra dela, sua integridade é restabelecida. No entanto, se usamos o termo "sintoma" em um sentido mais radical – se Judy-Madeleine é seu *sinthome* –, então a última cena implica um fim catastrófico, pois, quando Scottie é privado de seu *sinthome*, seu universo inteiro se despedaça, perde sua consistência material.

Como essa mudança, essa destruição do status quase-transcendental do grande Outro, afeta a *caridade*? O que sobrevive a essa destruição é uma caridade muito mais próxima do significado cristão desse termo (essa caridade cristã é o "amor" do qual Lacan fala em *O seminário 20*). Então, como a caridade semântica de Davidson se relaciona com a caridade cristã? Em uma primeira abordagem, talvez pareça que elas devem ser colocadas em oposição ao longo do eixo Imaginário-Simbólico: a caridade cristã não opera no nível da compaixão imaginária pelo próximo, com quem nos identificamos, ao passo que a caridade de Davidson é claramente mais formal e designa uma função puramente simbólica (ou, mais precisamente, semântica) da confiança, pressuposta *a priori* em nosso envolvimento comunicativo? Mas e se houver mais uma dimensão em ação na caridade cristã, muito mais próxima da dimensão do Outro (sujeito) *enquanto* real? A principal distinção formal entre as duas é que a caridade semântica é um tipo de linguagem apriorística, formal e universal, que existe sempre-já, ao passo que a caridade cristã é rara e frágil, algo por que se deve lutar e que se deve readquirir a cada vez. Mesmo entre os cristãos, há muita confusão sobre a natureza da caridade. Talvez por essa razão, a melhor maneira de defini-la seja proceder *a contrario*: começar precisamente pelas orientações aparentemente cristãs que hoje ameaçam a própria posição cristã.

Como é bem sabido, o mito do Graal é o caso exemplar da "exaptação" religioso-ideológica (para usar o termo criado por Stephen Jay Gould em sua crítica ao darwinismo ortodoxo), pois reinscreve no domínio cristão a noção pagã de um objeto mágico que proporciona abundância e produz renascimento e regeneração sazonal. Em *Parsifal*, sua última ópera, Richard Wagner realiza o mesmo processo *ao contrário*: ele interpreta a morte de Cristo e o milagre da Sexta-Feira Santa como um mito pagão de morte e renascimento sazonais. Esse gesto é profundamente anticristão: ao romper com a noção pagã da Justiça e do Equilíbrio cósmicos, o cristianismo também rompe com a noção pagã de morte e renascimento circular da Divindade – a morte de Cristo *não* é o mesmo que a morte do deus pagão; ao contrário, ela designa uma *ruptura* com o movimento circular da morte e do renascimento, a passagem para uma dimensão totalmente diferente, a do Espírito Santo. Somos tentados a dizer que, por essa razão, *Parsifal* é o modelo de todos os cristãos "fundamentalistas" de hoje, que, a pretexto de retornar aos valores cristãos autênticos, fazem precisamente o oposto e revelam o núcleo subversivo do cristianismo.

Em que nível o cristianismo realmente fornece a fundação dos direitos e das liberdades humanas? Em termos um tanto simplificados, podemos dizer que duas atitudes básicas são discerníveis na história das religiões, segundo o eixo da oposição entre o *global* e o *universal*. De um lado, há o Cosmos pagão, a ordem divina hierárquica dos Princípios cósmicos que, aplicada à sociedade, produz a imagem de um edifício congruente em que cada membro tem seu próprio lugar. Aqui, o Bem supremo é o equilíbrio global dos Princípios, enquanto o Mal representa seu descarrilamento ou seu desarranjo, a asserção excessiva de um Princípio em detrimento de outros (do Princípio masculino em detrimento do feminino; da Razão em detrimento do Sentimento etc.); o equilíbrio cósmico, desse modo, é restabelecido pelo trabalho da Justiça, que com sua inexorável necessidade põe as coisas em ordem ao suprimir seu elemento descarrilado. Com respeito ao corpo social, um indivíduo é "bom" quando age de acordo com seu lugar especial no edifício social (quando respeita a Natureza, que fornece alimento e abrigo; quando demonstra respeito por seus superiores, que cuidam dele de maneira paternal); e o Mal ocorre quando alguns indivíduos ou algumas camadas específicas da sociedade não estão mais satisfeitos com esse lugar (as crianças que não obedecem mais aos pais, os escravos que não obedecem mais aos senhores, o sábio governante que se torna um tirano cruel e caprichoso etc.). O próprio núcleo da Sabedoria pagã reside no conhecimento profundo desse equilíbrio cósmico dos Princípios ordenados hierarquicamente – mais precisamente, do circuito eterno da catástrofe cósmica (descarrilamento) e da restauração da Ordem pela justa punição. Talvez o exemplo mais elaborado dessa ordem cósmica seja a antiga cosmologia hindu, aplicada primeiro à ordem social na forma de um sistema de castas e depois ao próprio organismo individual na forma da hierarquia harmoniosa dos órgãos (cabeça, mãos, abdômen etc.); hoje, tal atitude é revivida artificialmente na multiplicidade de abordagens da natureza e da sociedade propostas pela Nova Era.

O cristianismo (e o budismo, à sua maneira) introduziu nessa Ordem cósmica global equilibrada um princípio que é totalmente alheio a ela, um princípio que, avaliado pelos padrões da cosmologia pagã, só pode parecer uma distorção monstruosa, o princípio segundo o qual cada indivíduo tem acesso *imediato* à universalidade (do nirvana, do Espírito Santo ou, hoje, dos direitos e das liberdades humanos): posso participar *diretamente* dessa dimensão universal, independentemente do lugar especial que ocupo dentro da ordem social global. Por essa razão, os seguidores de Buda formam uma comunidade de pessoas que, de uma forma ou de outra, romperam com a hierarquia da ordem social e começaram a ameaçá-la como fundamentalmente *irrelevante*: ao escolher seus discípulos, Buda ignorou propositalmente as castas e (depois de alguma hesitação, é verdade) até a diferença sexual. E as escandalosas palavras de Cristo, no Evangelho de são Lucas, não apontam na mesma direção? "Se alguém vem a mim e não odeia seu próprio pai e mãe, mulher, filhos, irmãos, irmãs e até a própria vida, não pode ser meu discípulo" (Lc 14,26)? Aqui, obviamente, *não* estamos lidando com mero ódio brutal, exigido por um Deus cruel e ciumento; aqui, as relações familiares representam metaforicamente toda a rede sociossimbólica, qualquer "substância" étnica particular que determine nosso lugar na Ordem global das Coisas. O "ódio" ordenado por Cristo não é, portanto, uma espécie de oposto pseudodialético do amor, mas expressão direta do que são Paulo, em 1 Coríntios 13, com seu poder insuperável, descreve como *ágape*, o termo-chave intermediário entre fé e esperança: é o próprio amor que nos obriga a nos "desconectar" da comunidade orgânica em que nascemos – ou, como diz Paulo, para os cristãos, não existem nem homens, nem mulheres, nem judeus, nem gregos... Não admira que, para aqueles que se identificam plenamente com a "substância nacional" judaica, bem como para os filósofos gregos e os proponentes do Império Romano global, o aparecimento de Cristo fosse um escândalo ridículo e/ou traumático.

Podemos ver aqui como a posição cristã a respeito da sabedoria pagã é totalmente heterogênea. Em claro contraste com o horizonte final da sabedoria pagã, a coincidência dos opostos (o universo é o abismo do Fundamento primordial em que todos os "falsos" opostos – Bem e Mal, aparência e realidade e até a própria oposição entre a sabedoria e a tolice de se prender na ilusão da *maia* – coincidem), o cristianismo afirma como ato supremo justamente o que a sabedoria pagã condena como fonte do Mal: o gesto de *separar*, de traçar uma linha, de se apegar a um elemento que perturba o equilíbrio do Todo. Portanto, a crítica pagã de que o *insight* cristão não é "profundo o bastante", não capta o primordial Um-Todo, perde de vista o principal: o cristianismo *é* o Acontecimento milagroso que perturba o equilíbrio do Um-Todo; ele *é* a intrusão violenta da Diferença que *descarrila o circuito equilibrado do universo*.

Desse ponto de vista, seria interessante falar das ambiguidades ideológicas muito mal dissimuladas em *Guerra nas estrelas I: a ameaça fantasma*, de George Lucas. Dos poucos pontos de interesse do filme, destacamos o esforço que ele faz para esboçar uma resposta à pergunta sobre a "origem do Mal": *como Darth Vader se torna Darth Vader*? Ou seja, como Anakin Skywalker, aquele rapaz doce, se transforma no instrumento monstruoso do Mal cósmico? Duas pistas são cruciais aqui: primeiro, as características "cristológicas" do jovem Anakin (sua mãe sugere que engravidou por uma concepção imaculada; a corrida que ele ganha é um eco nítido da famosa corrida de bigas em *Ben-Hur*, esse "conto de Cristo"); segundo, o fato de que ele é identificado como aquele que tem potencial para "restabelecer o equilíbrio da Força". Como o universo ideológico de *Guerra nas estrelas* é o universo pagão da Nova Era, é bastante significativo que a figura central do Mal seria um eco de Cristo – no horizonte pagão, o Acontecimento de Cristo *é* o escândalo supremo. Além disso, e se interpretarmos – segundo a linha hegeliana – a premonição de que Anakin "restabelecerá o equilíbrio da Força" não como um equívoco fatídico, mas como uma constatação *correta*? E se o caráter sufocante do universo pagão for precisamente o fato de que ele *carece da dimensão do Mal radical*, de que, nele, o equilíbrio pendia muito *a favor do Bem*? Isso quer dizer, então, que o surgimento do cristianismo, de certa forma, "*restabeleceu* o equilíbrio da Força" precisamente por *ter sido* a intervenção do Mal radical (o poder da negatividade inaudita) a descarrilar a vida cotidiana pálida e anêmica, satisfeita consigo mesma, pacífica e tolerante do fim do Império Romano? Não é essa – implicitamente, ao menos – a tese de Schelling quando ele interpreta, em *Weltalter*, o surgimento de Cristo como o acontecimento da *Ent-Scheidung* que perturba o equilíbrio do universo pagão, do vórtice de seu circuito eterno em que todas as diferenças acabam engolidas pelo mesmo abismo?

## 12
## O desacoplamento de Cristo

É justamente para enfatizar a suspensão da hierarquia social que Cristo (assim como Buda, antes dele) se dirige em particular àqueles que pertencem às camadas mais baixas da hierarquia social, os proscritos da ordem social (mendigos, prostitutas etc.) como membros privilegiados e exemplares de sua nova comunidade. Essa nova comunidade é construída explicitamente como coletivo de proscritos, o antípoda de qualquer grupo "orgânico" estabelecido. Talvez a melhor maneira de imaginar essa comunidade seja situando-a na linha de outras comunidades "excêntricas" de proscritos que conhecemos do passado e do presente, desde leprosos e aberrações de circo até os primeiros *hackers* – grupos em que indivíduos estigmatizados se unem por um elo secreto de solidariedade. Para especificar ainda mais essas comunidades, ficamos tentados a arriscar uma referência ao próprio Freud – em *Psicologia das massas e análise do eu*\*, ele fornece dois exemplos de formação de massas: a Igreja e o Exército. Em geral, considera-se que são equivalentes, sem levar em conta a diferença entre eles. Mas e se essa diferença *for* crucial, segundo a linha da oposição de Laclau entre a estrutura das diferenças e a lógica antagônica das equivalências? A Igreja é global, uma Instituição estruturada, uma rede abrangente de posições diferenciadas em termos hierárquicos, basicamente ecumênica, tolerante, predisposta a compromissos, oni-inclusiva e que divide cargos entre subgrupos; já o Exército dá ênfase ao antagonismo, a Nós *versus* Eles, ao universalismo igualitário (no fundo, todos somos iguais quando confrontados com Eles, o Inimigo), de modo que o Exército acaba sendo excludente, propenso à aniquilação do outro. É claro que se trata de uma oposição conceitual: empiricamente, a linha pode se tornar indistinta, e muitas vezes temos uma Igreja militante ou,

---

\* Ed. bras.: trad. Paulo César de Souza, São Paulo, Companhia das Letras, v. 15, 2011, Obras Completas em Vinte Volumes, 15. (N. E.)

ao contrário, um Exército que funciona como uma instituição social corporativa, como se fosse uma Igreja.

O paradoxo fundamental aqui, portanto, é que, com respeito às instituições empíricas, as duas comunidades muitas vezes trocam seus lugares próprios: a Igreja costuma se aproximar do funcionamento antagônico do Exército, e vice-versa. Basta recordarmos a tensão nos séculos XII e XIII entre a Igreja *enquanto* instituição e as ordens monásticas emergentes enquanto contracomunidades subversivas, que ameaçavam o lugar estabelecido da Igreja dentro da ordem social, e todas as dificuldades que ela teve para conter esse excesso e reinscrever esse Acontecimento propriamente religioso (como o movimento fundado por são Francisco de Assis) dentro dos confins da ordem do Ser. Essa oposição não caracteriza o modo como os lacanianos se relacionam com a Associação Internacional de Psicanálise (IPA, na sigla em inglês)? A IPA é a Igreja psicanalítica: ela excomunga as pessoas apenas quando se sente ameaçada e tende a compromissos e debates infinitos; os lacanianos, por sua vez, são o Exército psicanalítico: um grupo combativo que trabalha por uma reconquista agressiva, definida pelo antagonismo entre Nós e Eles, evitando e rejeitando o ramo pacífico e tolerante da IPA (volte, nós o aceitamos – mas só se você fizer um acordo e mudar ligeiramente não a substância, mas a forma de sua atividade). Com respeito às lutas políticas, portanto, o "*wo es war, soll ich werden*" [onde estava o isso, ali estará o eu] de Freud também pode ser lido como: onde estava a Igreja, ali estará o Exército.

É também nesse sentido que devemos interpretar aquelas declarações da Igreja que perturbam a lógica circular da vingança ou punição destinada a restabelecer o equilíbrio da Justiça – em vez de "olho por olho", temos: "Àquele que te fere na face direita oferece-lhe também a esquerda" [Mt 5,39]. A questão aqui não é o masoquismo estúpido, a humilde aceitação da humilhação, mas a tentativa de *interromper a lógica circular de restabelecimento do equilíbrio*. É interessante observar como, mesmo quando são Paulo se refere à metáfora organicista da comunidade religiosa como um corpo vivo, ele a subverte, invertendo-a: "Deus dispôs o corpo de modo a conceder maior honra ao que é menos nobre" (1Cor 5,24). Ou seja, na comunidade religiosa, a hierarquia social é refletida às avessas, de modo que o menos nobre mereça a maior honra.

É claro que devemos tomar cuidado para não cair no que a psicanálise chama de tentação perversa; esse "desligamento" do corpo social não deve se transformar em perversão, na qual amamos o proscrito menos nobre *por ele ser o proscrito menos nobre* (querendo secretamente que ele *permaneça* assim) – desse modo, nós não nos "desligamos" da ordem social hierárquica, mas apenas a modificamos, invertendo-a completamente, e continuamos parasitando-a (essa lógica perversa foi levada ao extremo por certas seitas medievais cujos membros chegavam a comer o excremento de seus companheiros para sublinhar sua solidariedade compassiva até mesmo para com o "menos nobre no humano"). Não existe um "desacoplamento" semelhante (em um nível diferente, é claro) no amor sexual apaixonado? Esse tipo de amor não é um dos maiores pulverizadores da hierarquia social? Na cena da sacada, quando Romeu e Julieta proclamam pateticamente sua renúncia e seu ódio aos nomes de família (Montéquio e Capuleto) e, assim, se "desligam" de sua substância social (familiar) particular, eles não representam o exemplo supremo do "ódio aos pais" como expressão direta do amor? Além disso, não encontramos algo semelhante no "desligamento" democrático? Não seríamos todos membros diretos do coletivo democrático, independentemente do lugar que ocupamos na intricada série de relações que formam nossas respectivas comunidades?

O cristianismo, no entanto, não vai além, incitando-nos não só a odiar nossos pais em nome do ser amado, mas, em uma inversão dialética do amor ao inimigo, "a *odiar o amado* por amor e no amor"[1]? A maneira apropriada de compreender isso é fazer uma pergunta precisa: *qual dimensão* do outro amado sou obrigado a odiar? Tomemos como exemplo o ódio ao pai na tensão familiar edipiana. Como vimos repetidas vezes, esse ódio desaparece e, no momento em que o filho se livra efetivamente da sombra da autoridade paterna, surge um novo entendimento do pai – em suma, ele desaparece no momento em que o filho deixa de percebê-lo como a encarnação de sua função sociossimbólica e passa a enxergá-lo como sujeito "vulnerável", desligado dela. É nesse sentido que, no verdadeiro amor, eu "odeio o ser amado por amor"; eu "odeio" a dimensão de sua inscrição na estrutura sociossimbólica em nome do mesmo amor pelo ser amado como pessoa singular. No entanto, para evitar um equívoco fundamental que pode surgir aqui, esse "desligamento" do *ágape* não tem absolutamente nada a ver com a ideia "humanista" de que devemos nos esquecer dos predicados simbólicos "artificiais" e perceber o próximo em sua humanidade singular, ou seja, ver o "verdadeiro ser humano" por trás de seus "papéis sociais", de seus mandatos ideológicos e de suas máscaras – e são Paulo é muito firme em seu "anti-humanismo teórico": "Por isto, doravante a ninguém conhecemos segundo a carne. Mesmo se conhecemos Cristo segundo a carne, agora já não o conhecemos assim. Se alguém está em Cristo, é nova criatura. Passaram-se as coisas antigas; eis que se fez uma realidade nova" (2Cor 5,16-7).

Nesse "desacoplamento", o próximo é reduzido, portanto, a um membro singular da comunidade de fiéis (do "Espírito Santo") – para usar a oposição althusseriana-lacaniana, não é o sujeito simbólico que é reduzido ao individual "real", mas é o individual (em toda a riqueza de sua "personalidade") que é reduzido ao *ponto singular da subjetividade*. Como tal, o "desacoplamento" envolve na verdade uma "morte simbólica" – é preciso "morrer para a lei" (são Paulo) que regula nossa tradição, nossa "substância" social. O termo "nova criatura" é revelador aqui, pois

---

[1] Søren Kierkegaard, *Works of Love* (Nova York, Harper Torchbooks, 1962), p. 114.

assinala o gesto da *sublimação*, de apagar os traços do passado ("passaram-se as coisas antigas") e começar de novo a partir do zero; consequentemente, há também uma *violência* tenebrosa em ação nesse "desacoplamento", a violência da *pulsão de morte*, da ação radical de "passar uma borracha no que aconteceu" como condição para um Novo Começo.

Tal "desligamento" como expressão direta do amor não tem absolutamente nada a ver com a fuga para um universo romântico idealizado, no qual todas as diferenças sociais concretas desaparecem magicamente – para citar Kierkegaard novamente: "*o amor acredita em tudo – e, no entanto, nunca é enganado*"[2], em contraste com a desconfiança que não acredita em nada e, no entanto, é totalmente enganada. A pessoa que desconfia dos outros é, paradoxalmente, em sua própria descrença cínica, vítima do autoengano mais radical: como Lacan teria dito, *les non-dupes errent*\* – o cínico deixa escapar a eficiência/efetividade da própria aparência, por mais efêmera, frágil e esquiva que seja, ao passo que o verdadeiro crente acredita nas aparências, na dimensão mágica que "transparece" na aparência; ele vê a Bondade no outro quando o outro nem sequer tem consciência dela. Aqui, aparência e realidade não são mais coisas opostas: precisamente por confiar nas aparências, uma pessoa amável vê o outro da maneira como ele é de fato, e ela o ama por seus defeitos, não apesar deles. Com respeito a esse ponto, a noção oriental do Vazio-Substância-Fundamento Absoluto por trás das aparências frágeis e enganadoras que constituem nossa realidade deve ser contraposta à ideia de que é a realidade ordinária que é dura, inerte e estúpida, e o Absoluto é completamente frágil e efêmero. Ou seja, o que *é* o Absoluto? Algo que aparece nas experiências efêmeras – digamos, no sorriso gentil de uma bela mulher ou no sorriso caloroso e afetuoso de uma pessoa que, em condições normais, pareceria feia e rude. Nesses momentos milagrosos, porém *extremamente frágeis*, outra dimensão se manifesta através da nossa realidade. Como tal, o Absoluto é facilmente corroído; ele escapa muito facilmente pelos nossos dedos e deve ser manuseado com o máximo de cuidado, como se fosse uma borboleta.

Em termos lacanianos, a diferença aqui é a mesma entre *idealização* e *sublimação*: a falsa idolatria idealiza, fecha os olhos para as fraquezas do outro – ou melhor, fecha os olhos para o outro *como tal*, usando o ser amado como uma tela branca sobre a qual ela projeta suas próprias construções fantasmagóricas; já o verdadeiro amor aceita o ser amado como ele é, simplesmente colocando-o no lugar da Coisa, do Objeto incondicional. Como sabe todo verdadeiro cristão, o amor é o

---

[2] Ibidem, p. 221.
\* Famosa frase de Lacan que dá título ao Seminário 21, ainda inédito. Traduzida literalmente, significa "os não tolos erram". No entanto, faz uma homofonia com "*le nom du père*", Nome-do-Pai. (N. T.)

*trabalho* do amor – o trabalho árduo e difícil do repetido "desacoplamento", em que, o tempo inteiro, temos de nos desprender da inércia que nos obriga a nos identificarmos com a ordem particular em que nascemos. Pelo trabalho cristão do amor compassivo é que percebemos naquilo que era até então um corpo estranho e importuno, tolerado e até moderadamente suportado, de modo que não nos importunava muito, um sujeito com sonhos e desejos destroçados – é *essa* herança cristã do "desacoplamento" que é ameaçada pelos "fundamentalistas" atuais, sobretudo quando se proclamam cristãos. O fascismo não envolve, em última instância, o retorno aos costumes pagãos que, rejeitando o amor ao inimigo, cultiva a plena identificação com sua própria comunidade étnica?

Agora estamos também em posição de responder ao derradeiro contra-argumento: o cristianismo, afinal, não apoia a participação no jogo social (obedece às leis nacionais, mesmo que sua fidelidade suprema seja para com Deus) e, assim, gera sujeitos ideais da ordem existente? Em outras palavras, o "desacoplamento" de Cristo não seria, em última instância, o mesmo que a velha "ação com distanciamento interior" (a virtude de realizar ações mantendo indiferença em relação ao objetivo) do *Bhagavad-Gita*, como parece indicar a passagem a seguir?

> [...] o tempo se fez curto. Resta, pois, que aqueles que têm esposa sejam como se não a tivessem; aqueles que choram, como não chorassem; aqueles que se regozijam, como se não se regozijassem; aqueles que compram, como se não possuíssem; aqueles que usam deste mundo, como se não usassem plenamente. Pois passa a figura deste mundo. (1Cor 7, 29-31)

A resposta é que o "desligamento" cristão *não* é uma postura contemplativa interior, mas sim o *trabalho* ativo do amor que necessariamente leva à criação de uma comunidade *alternativa*. Além disso, em claro contraste com o "desligamento" carnavalesco fascista das regras simbólicas estabelecidas, que funciona como transgressão inerente da ordem simbólica, *o desacoplamento cristão propriamente dito suspende não tanto as leis explícitas, mas seu obsceno suplemento espectral implícito.*

# 13
## "Você deve, porque pode!"

Especifiquemos essa questão crucial fazendo referência a um argumento a favor de Hitler, famoso e de mau gosto: "É verdade, Hitler fez coisas horríveis, como tentar acabar com os judeus na Alemanha, mas não podemos nos esquecer de que ele também fez coisas boas, como construir estradas e fazer os trens chegarem no horário!". O que realmente importa nessa defesa, claro, é que, apesar de revelar formalmente a violência antissemita, ela é secretamente antissemita: o próprio gesto de comparar os horrores antissemitas à construção de estradas e colocá-los numa mesma frase, cuja estrutura é do tipo "Sim, eu sei, mas...", deixa claro que o elogio ao fato de Hitler ter construído estradas é uma maneira deslocada de elogiar suas medidas antissemitas. A prova é que a crítica a Hitler que *inverte* os termos da primeira (popular em alguns círculos ecológicos extremamente conservadores) não é menos aceitável, mas implica uma *defesa* ainda maior dele, ainda que na forma de crítica: "É verdade, Hitler fez coisas boas, como tentar acabar com os judeus na Alemanha, mas não devemos nos esquecer de que ele fez coisas horríveis, como construir estradas e destruir o meio ambiente...". Uma reversão semelhante não é o verdadeiro conteúdo do argumento a favor dos perpetradores da violência racista de extrema direita? "É verdade que ele participou do linchamento de afro-americanos, mas não podemos nos esquecer de que era um homem bom, de família, que frequentava a igreja..." Em vez disso, deveríamos ler: "É verdade, ele fez algumas coisas boas, como tentar acabar com os detestáveis afro-americanos, mas não devemos nos esquecer de que ele era apenas um homem de família comum, que frequentava a igreja...". A chave dessa reversão é que, nos dois casos, estamos lidando com a tensão entre o conteúdo ideológico aceito e reconhecido publicamente (construir estradas, frequentar a igreja) e seu outro lado obsceno e renegado (Holocausto, linchamentos); a primeira versão da afirmação reconhece o conteúdo público e renega seu outro lado obsceno (mas secretamente o endossa); a segunda versão despreza abertamente o aspecto público e defende o outro lado obsceno.

Assim, na medida em que, com respeito à dualidade entre o espaço público "oficial", narrativo e simbólico, e seu duplo espectral, o espaço simbólico público é regulado pela Lei simbólica, que tipo de lei age no estranho domínio de seu duplo espectral? Obviamente, a resposta é: o *supereu*[1]. Aqui devemos ter em mente que a tensão entre a Lei simbólica e a Coisa impossível/real, cujo acesso é proibido pela Lei (em última análise, a Coisa maternal proibida pela Lei paternal), não é o horizonte definitivo de Lacan – o que há por trás dele (ou melhor, por baixo) é a Coisa estranha que "constitui a lei": "*Das Ding* apresenta-se no nível da experiência inconsciente como aquilo que desde logo constitui a lei. [...] Trata-se de uma lei de capricho, arbitrária, de oráculo também, uma lei de signos em que o sujeito não está garantido por nada"[2].

Isso quer dizer que *das Ding* não é mais o *além* obscuro, constituído pela Lei proibitiva; o horror supremo é o da própria Coisa real que diretamente "constitui a lei". Na medida em que a Coisa representa a *jouissance*, essa Lei, que é a Lei da própria Coisa, obviamente não é senão o supereu, a lei cuja injunção é a ordem impossível: "Gozai!". Essa dimensão também é o anverso da lógica kantiana da abordagem infinita ao objetivo impossível: no horizonte kantiano, a Coisa permanece inacessível, um vazio além da Lei, enquanto a Lei-Coisa exibe, por assim dizer, o anverso/a verdade sadiano de Kant, uma Lei perversa que é a Lei da própria Coisa.

A suspensão superegoica das proibições morais é a característica crucial do nacionalismo "pós-moderno" de hoje. Devemos inverter aqui o clichê segundo o qual a identificação étnica apaixonada restabelece um firme conjunto de valores e crenças na insegurança confusa de uma sociedade moderna, global e secular: o "fundamentalismo" nacionalista serve, antes, como operador de um "*Você pode*", secreto e mal dissimulado. A sociedade reflexiva pós-moderna de hoje, aparentemente hedonista e permissiva, paradoxalmente está cada vez mais saturada de regras e regulações que supostamente promovem nosso bem-estar (restrições ao fumo e à alimentação, regras contra o assédio sexual etc.), de modo que a referência a uma identificação étnica apaixonada, longe de nos restringir ainda mais, funciona como um grito de libertação: "Você pode!" – você pode violar (não o Decálogo, mas) as rígidas regras da coexistência pacífica em uma tolerante sociedade liberal; você pode comer e beber o que quiser, aderir aos costumes patriarcais proibidos pelo politicamente correto e até mesmo odiar, brigar, matar, estuprar... Sem o pleno reconhecimento desse perverso efeito pseudolibertador do nacionalismo atual –

---

[1] Tratei dessa oposição em praticamente todos os meus últimos livros; ver, por exemplo, o capítulo 3 de *As metástases do gozo*, cit.
[2] Jacques Lacan, *O seminário*, livro 7, cit. p. 91.

o supereu obscenamente permissivo que complementa a tessitura explícita da lei simbólico-social –, nós nos condenamos a não apreender sua verdadeira dinâmica[3]. É dessa maneira que Aleksandar Tijanić, importante colunista sérvio que durante um breve período chegou a ser ministro da Informação e da Mídia Pública no governo de Milošević, descreve "o estranho tipo de simbiose que existe entre Milošević e os sérvios":

> Milošević agrada aos sérvios de modo geral. Na época de seu governo, os sérvios aboliram o horário de trabalho. Ninguém fazia nada. Ele permitiu o florescimento do contrabando e do mercado negro. Você pode aparecer na televisão estatal e insultar Blair, Clinton ou qualquer outro "dignitário mundial". [...] Além disso, Milošević nos deu o direito de portar armas e também nos deu o direito de dirigir carros roubados. [...] Milošević transformou o dia a dia dos sérvios em um grande feriado e fez com que todos nós nos sentíssemos como colegiais em viagem de formatura – o que significa que nada, absolutamente nada, do que fazemos pode ser punido.[4]

O supereu, portanto, é a reversão propriamente obscena da permissiva "Você pode!" na prescritiva "Você deve!", o momento em que o gozo permitido se transforma em gozo ordenado. Todos conhecemos a fórmula do imperativo ético incondicional de Kant: "*Du kannst, denn du sollst!*" (*Você pode [cumprir com seu dever] porque deve [cumpri-lo]*); o supereu transforma o kantiano "Você pode porque deve" em "Você deveria [você tem de] porque pode!". Em nenhum outro lugar isso é mais claro do que no exemplo do desafortunado Viagra, a pílula da potência que promete recuperar a capacidade de ereção masculina de maneira puramente bioquímica, contornando todos os problemas causados pelas inibições psicológicas: agora que o Viagra se encarrega da ereção, não há mais desculpa: você deve gozar o sexo; se não o fizer, a culpa é sua! Na extremidade oposta do espectro, a sabedoria da Nova Era de recuperar a espontaneidade do verdadeiro Si parece oferecer uma saída para essa complicada situação do supereu – mas o que de fato encontramos lá? Essa atitude sábia também não é sustentada secretamente pelo imperativo superegoico do "Você deve [cumprir com seu dever de chegar à plena realização e satisfação], porque pode!"? Não é por isso que costumamos sentir uma pressão real por trás da tolerância complacente dos sacerdotes da Nova Era[5]? Em termos mais simples, a

---

[3] A tradição da Escola de Frankfurt discerniu essa característica-chave da estrutura libidinal do "totalitarismo" na forma da hipótese da *dessublimação repressiva*; sobre a diferença de abordagens da Escola de Frankfurt e da escola lacaniana com respeito a essa característica, ver o capítulo 1 de Slavoj Žižek, *As metástases do gozo*, cit.

[4] Aleksandar Tijanić, "The Remote Day of Change", *Mladina* (Liubliana), 9 ago. 1999, p. 33.

[5] O próximo passo aqui seria opor o *Você pode!* "totalitário" ao *Você pode!* liberal-permissivo. Em ambos os casos, a mensagem é: "Você pode [...] possuir o objeto *sem pagar o preço apropriado pelo desejo, pelo fato de desejá-lo!*". E, em ambos os casos, não pagar o preço pelo desejo requer um preço próprio. No liberalismo permissivo, o "Você pode!" da livre invenção de nosso Si enreda-se

"sabedoria" autoritária elementar é que o homem é um ser fraco e corrompido que precisa de um Mestre forte para controlar seus perigosos impulsos antissociais; é por isso que o Mestre *autoritário* tradicional diz: "Não importa o que você pense em seu íntimo, não importa quão difícil e contra sua natureza você considere isso, *obedeça* [a minhas ordens], reprima e rejeite seus ímpetos interiores"; em contrapartida, a mensagem do *Mestre* totalitário é: "Eu sei melhor do que você o que você *realmente quer*, o que é para o seu bem, então o que ordeno que você faça é o que, no fundo, você deseja sem saber, mesmo que superficialmente pareça se opor!".

Essa oposição externa entre "prazer" e "dever" pode ser superada de duas maneiras. De um lado, temos o paradoxo do poder "totalitário", extremamente opressivo, que vai além do tradicional poder "autoritário", além de nos dizer "Cumpra com seu dever; não me interessa se você gosta ou não"; ele também nos diz "Você não só deve obedecer minhas ordens e cumprir com seu dever, como também deve fazê-lo com prazer, deve gozar com o que está fazendo!". (É assim que a democracia populista totalitária funciona: não basta que os sujeitos sigam o Líder, eles devem *amá-lo* ativamente.) De outro lado, temos o paradoxo inverso do prazer cuja própria busca se transforma em dever: em uma sociedade "permissiva", os sujeitos experimentam a necessidade de "ter bons momentos", de realmente gozar de si próprios, como uma espécie de dever; consequentemente, sentem-se culpados se não conseguem ser felizes. Meu argumento é que o conceito de supereu designa justamente a zona intermediária em que esses dois opostos se sobrepõem, em que a ordem para *gozar cumprindo com o próprio dever* sobrepõe-se ao *dever de gozar de si próprio*.

Aqui, mais uma vez, o papel do cristianismo é ambíguo. "Ouvistes que foi dito: 'Não cometerás adultério'. Eu, porém, vos digo: todo aquele que olha para uma mulher com desejo libidinoso já cometeu adultério com ela em seu coração" (Mt 5,27-8). Esse gesto de dar um passo adiante em relação ao Decálogo e proibir não só os atos pecaminosos, mas também os pensamentos pecaminosos, não designa a passagem da Proibição judaica simbólica para sua elaboração superegoica (não só não devemos *agir* de acordo com nossos desejos pecaminosos, como devemos combatê-los – esses desejos, ainda que consigamos resistir a eles, já equivalem a se comprometer com o pecado, então deveríamos rejeitar/transformar os próprios desejos e desejar apenas o que é permitido)? Ou o cristianismo, ao contrário, tenta romper o círculo vicioso da proibição que gera o desejo de transgredi-la, o círculo descrito por são Paulo em Romanos 7,7?

---

na intricada rede de proibições que diz respeito ao nosso bem-estar e ao do próximo (o que não comer nem beber, as regras do sexo seguro, a proibição de prejudicar o Outro etc.); de maneira precisamente simétrica, o "Você pode..." totalitário (ignore seu bem-estar e o do próximo) requer a subordinação à figura do Mestre.

# 14
# Do conhecimento à verdade... e de volta

Tratemos desse dilema a partir de outra perspectiva, a da tensão dialética entre Conhecimento e Verdade. Em geral, a psicanálise opera no domínio da oposição entre conhecimento factual "objetivo" e verdade "subjetiva": podemos mentir na forma de verdade (é o que fazem os obsessivos quando, em declarações que factualmente são muito precisas, escondem ou renegam o próprio desejo) e podemos dizer a verdade na forma de mentira (o procedimento histérico ou um simples lapso que revela o verdadeiro desejo do sujeito). Em *A perigosa ideia de Darwin*, Daniel Dennett cita o seguinte experimento mental: dois amigos estão prestes a ser capturados por forças hostis que falam inglês, mas não sabem muito sobre o mundo deles. Ambos conhecem o código Morse e improvisam o seguinte esquema de codificação: para um traço, diga uma verdade; para um ponto, diga uma mentira. Os inimigos, obviamente, escutam a conversa entre eles: "Os pássaros botam ovos, e os sapos voam. Chicago é uma cidade, meus pés não são feitos de lata, e o campeonato de beisebol é realizado em agosto", diz um deles, como se respondesse "*No*" (traço-ponto, ponto-ponto-ponto) a uma pergunta que o outro lhe fez. Mesmo que os inimigos saibam código Morse, eles não poderão detectar as propriedades que representam o ponto e o traço – a não ser que determinem a verdade e a falsidade das frases[1]. O próprio Dennett usa esse exemplo para argumentar que o significado não pode ser explicado em termos sintáticos puramente inerentes; em última análise, a única maneira de ter acesso ao significado de uma declaração é situando-a no contexto do mundo vivido, ou seja, levando em consideração sua dimensão semântica, os objetos e processos a que ela se refere. Minha ideia é bem diferente: como o próprio Dennett diz, nesse caso, os dois prisioneiros

---

[1] Daniel C. Dennett, *A perigosa ideia de Darwin: a evolução e os significados da vida* (trad. Talita M. Rodrigues, Rio de Janeiro, Rocco, 1998).

usam o próprio mundo como um "*one-time pad*" – embora o valor de verdade das afirmações não seja indiferente, mas crucial, não é esse valor de verdade como tal, em si mesmo, que importa; o que importa é a tradução do valor de verdade em uma série diferente de sinais de adição e subtração (traços e pontos) que transmite a verdadeira mensagem em código Morse.

Algo semelhante não é válido no processo psicanalítico? Embora o valor de verdade das declarações do paciente seja agora indiferente, o que realmente importa não é esse valor de verdade como tal, mas o modo como a própria alternância entre verdades e mentiras desvela o desejo do paciente – o paciente também usa a própria realidade (o modo como ele se relaciona com ela) como um "*one-time pad*" para criptografar seu desejo. Quando uma paciente afirma que foi molestada pelo pai, deveríamos estabelecer, obviamente, se esse assédio aconteceu ou não; no entanto, o que importa realmente não é o assédio como tal, mas o papel que ele desempenha na economia simbólica do sujeito, o modo como ele foi "subjetivado". Se descobrimos que o ato de assédio *não* aconteceu na realidade, então o fato de a paciente fantasiar intensamente sobre ele adquire um valor simbólico diferente, ao mesmo tempo que nos diz um pouco sobre o desejo dela.

No entanto, essa noção de Verdade subjetiva autêntica como oposta ao mero conhecimento "objetivo" não é a última palavra de Lacan. Em suas últimas obras, há determinado conhecimento (equivalente à pulsão) mais fundamental que a própria Verdade (subjetiva). No simpósio lacaniano *The Subject-Encore*, realizado na Universidade da Califórnia em março de 1999, um dos participantes apresentou um caso médico-legal de uma mulher que, por motivos religiosos, rejeitou incondicionalmente a transfusão que salvaria sua vida. O juiz do caso lhe perguntou: "E se você fosse submetida à transfusão *contra sua vontade*? Você também estaria condenada à maldição e ao inferno depois de sua morte, ou não?". Depois de pensar um pouco, a mulher respondeu: "Acho que a resposta é não". Ao ouvir isso, o juiz chamou a responsabilidade para si: a fim de salvar a vida da mulher sem a colocar em um impasse moral insuportável, ele a declarou irresponsável e ordenou a transfusão contra a vontade dela. Qual é o status ético dessa decisão?

Os participantes saudaram a intervenção do juiz como um modelo de abordagem engenhosa. Tal abordagem também pode servir como protótipo para a intervenção bem-sucedida do analista: permitir que o paciente afirme seu desejo fundamental de viver sem prejudicar suas identificações ideológicas e simbólicas. Do ponto de vista da ética psicanalítica, no entanto, essa solução é *falsa*. Trata-se de uma excelente solução prática – na posição do juiz, provavelmente eu faria a mesma coisa –, mas que não obriga o sujeito a enfrentar a verdade de seu desejo. Ao contrário, ela implica um procedimento útil e compassivo de propor uma ficção protetora benéfica – ou, dito de forma mais direta, uma *mentira*. Afinal, em última instância, essa solução *é* uma mentira; quando o juiz perguntou à pobre mulher: "E se você fosse submetida à transfusão *contra sua vontade*? Você também estaria condenada à maldição e ao inferno depois de sua morte, ou não?", *ela sabia perfeitamente bem que, se respondesse "Não", o juiz determinaria a transfusão forçada*. Para deixar claro que a escolha de ser submetida ou não a uma transfusão estava inteiramente nas mãos dela, devemos introduzir aqui a distinção lacaniana entre o sujeito do enunciado e o sujeito da enunciação. Ao responder fielmente no nível do *enunciado* (ela acreditava realmente que a transfusão forçada não seria um pecado mortal), ela pecou (mentiu e aprovou a transfusão) no nível da posição subjetiva da *enunciação* – ou seja, o verdadeiro conteúdo do "não" foi "sim, por favor, faça a transfusão" (como a proverbial figura masculina machista da mulher que só consegue ter prazer no sexo se for forçada a fazê-lo, para que assim possa fingir que o está fazendo contra sua vontade). Desse modo, mais uma vez, paradoxalmente, a única maneira de ela ser *verdadeira consigo mesma* no nível da Verdade subjetiva (a posição da enunciação) seria *mentir* no nível do enunciado – responder "Sim!" mesmo que não considerasse a transfusão forçada um pecado mortal – só dessa maneira ela poderia evitar a transfusão.

Essa alternativa cobre todas as opções? Não será possível imaginar a pobre mulher respondendo fielmente (da maneira como fez: "Não") *sem* pecar? E se simplesmente imaginarmos um sujeito que foge da tensão entre o conhecimento objetivo e a Verdade subjetiva suspendendo a própria dimensão da Verdade e prendendo-se ao Conhecimento frio e impessoal? Ou seja, e se a pobre mulher respondesse "Não" não para se salvar secretamente, mas como resultado de um *desprezo* radical pelas consequências subjetivas? (Nesse caso, seria totalmente inapropriado dizer que o juiz, como bom analista, detectou nela um desejo renegado de viver e gentilmente, com uma mentira benéfica, permitiu que ela realizasse esse desejo sem desrespeitar seu código religioso.) Aqui, devemos nos lembrar do argumento preciso de Jacques-Alain Miller de que o objetivo do discurso analítico é praticar uma linguagem que *não engane* nem esconda, que não use seu significado direto como parte de uma estratégia retórica oculta de argumentação. Oswald Ducrot[2] desenvolveu a tese de que, em nossa linguagem, todos os predicados não passam de procedimentos argumentativos reificados – como último recurso, usamos a linguagem não para designar alguma realidade, algum conteúdo, mas para ludibriar o outro, vencer uma discussão, seduzir ou ameaçar, esconder nosso próprio desejo. Na linguagem ordinária, a verdade nunca é plenamente estabelecida; sempre há prós e contras; há contra-argumentos para cada argumento; sempre há um "outro lado" para cada afirmação; todo enunciado pode ser negado; a indecidibilidade é oniabrangente – essa vacilação eterna só é interrompida pela intervenção de algum ponto de estofo (Significante-Mestre). Segundo Lacan, no entanto, o discurso

---

[2] Ver Oswald Ducrot, *O dizer e o dito* (trad. Eduardo Guimarães, Campinas, Pontes, 1987).

psicanalítico faz parte da ciência moderna porque visa ao rompimento desse círculo vicioso da argumentação que tudo permeia, mas *não* no modo do ponto de estofo: os significantes não precisam desse ponto para ser estabilizados porque, em seu próprio funcionamento, eles já não vacilam, não estão presos no eterno deslizar do significado.

Então, nesse nível, o sujeito rompe o círculo vicioso da interpretação – o "Não" da paciente não deve mais ser interpretado, pois o que ela deseja de fato é simplesmente *irrelevante*. Talvez essa também seja a maneira de responder à crítica cristã comum de que os judeus, ao procurar maneiras de obedecer aos mandamentos e às proibições de Deus, ao mesmo tempo que mantêm seu desejo, na verdade trapaceiam. (Há uma instituição religiosa em Israel que trata especificamente de como contornar as proibições; significativamente, ela se chama *Instituto para o Judaísmo e a Ciência*.) Essa crítica tem sentido dentro dos limites da atitude cristã padrão, na qual o que importa é o espírito, não a letra – somos culpados se o desejo estiver em nosso coração, ainda que, com nossos atos, não desrespeitemos a letra da lei. Para contornar a injunção de que não se podem criar porcos na terra santa de Israel, porcos são criados em estrados de um metro de altura; nesse caso, a interpretação cristã seria: "Vejam como os judeus são hipócritas! O significado do mandamento de Deus é claro: não criem porcos! Os judeus, de maneira profundamente hipócrita, tomam a declaração divina *ao pé da letra*, enfatizando a especificação totalmente irrelevante de 'na terra de Israel', e encontram uma forma de violar o espírito da injunção, mantendo ao mesmo tempo a letra. Para nós, cristãos, eles já são culpados no coração, pois desperdiçam toda a sua energia não para interiorizar a proibição de Cristo, mas para descobrir como fazer a omelete sem quebrar os ovos, como contornar a proibição".

A resposta seria simplesmente suspender todo o domínio da interpretação: e se ao responder "Não" a pobre mulher *não* contasse hipocritamente com o fato de que seu desejo de viver seria realizado, que receberia a transfusão sem ser responsável por ela e, assim, não teria de pagar o preço pela decisão? E se sua postura fosse de *indiferença* radical a todo o domínio dos possíveis efeitos patológicos (no sentido kantiano do termo) de dizer a verdade? E se seu axioma ético implícito fosse a inversão exata do padrão "Você deveria dizer a verdade, mesmo que se machuque!", isto é, "Você deveria dizer a verdade, *mesmo que ela te ajude*!"? A lição fundamental da noção psicanalítica de supereu é de que – com o devido respeito aos neoconservadores que lamentam o narcisismo supostamente hedonista de nossa era – há poucas coisas mais difíceis do que apreciar, sem culpa, os frutos do dever (nesse caso, o dever de dizer a verdade). Embora seja fácil sentir prazer ao agir de modo egoísta *contra* nosso dever, talvez só possamos adquirir a capacidade de apreciar o fato de *cumprir* com nosso dever como resultado do tratamento psicanalítico; talvez essa *seja* uma das definições do fim da psicanálise.

Vemos facilmente como essa solução nos permite romper o círculo vicioso do superego: a lógica cristã do "ainda que apenas pense nisso, não faça nada, você já é tão culpado como se tivesse cometido o ato" baseia-se no sentimento de culpa; ela envolve o paradoxo superegoico do "quanto mais reprimimos nosso desejo transgressor para obedecer à Lei, mais esse desejo retorna em nossos pensamentos e nos obceca; consequentemente, mais culpados nos sentimos". Dessa perspectiva cristã, é claro, a obediência judaica literal à Lei só pode parecer uma grande manipulação oportunista, pois implica uma relação totalmente externa para com a Lei como conjunto de regras que devem ser levemente modificadas para que possamos atingir nosso verdadeiro objetivo. O que incomoda os cristãos é o fato de que os judeus não veem a trapaça barata por trás desse procedimento, de modo que, quando conseguem fazer a omelete sem quebrar os ovos, ou seja, quando realizam seu objetivo sem desobedecer à letra da Lei, eles *não se sentem culpados*. Mas e se essa falta de culpa demonstrar precisamente que a crítica cristã de que os judeus manipulam a Lei sem renunciar a seus objetivos patológicos não capta o principal? Posso dizer a verdade sem culpa, mesmo que ela me ajude, porque *somente a verdade importa*, e não meus desejos investidos nela. Assim, longe de ser a "religião da culpa", a religião judaica permite justamente que evitemos a culpa – é o cristianismo que manipula a culpa de modo mais eficaz[3].

A dialética superegoica entre a Lei e a transgressão não reside apenas no fato de que a própria Lei encoraja sua transgressão, gera o desejo de transgredi-la; nossa obediência à própria Lei não é "natural", espontânea, mas *sempre-já mediada pelo desejo (ou por sua repressão) de transgredir a Lei*. Quando obedecemos à Lei, nós o fazemos como parte de uma estratégia desesperada para lutar contra nosso desejo de transgredi-la; portanto, quanto mais rigorosamente *obedecemos* à Lei, mais atestamos o fato de que, bem no fundo, sentimos a pressão do desejo de nos entregarmos ao pecado. Por isso, o sentimento de culpa do superego é correto – quanto mais obedecemos à Lei, mais *somos* culpados, porque essa obediência, com efeito, é uma defesa contra nosso desejo pecaminoso. No cristianismo, o *desejo* (intenção) de pecar é igual ao próprio *ato* – se apenas cobiçamos a mulher do próximo, já estamos cometendo adultério. Essa atitude superegoica cristã talvez seja mais bem representada por uma frase de *Crime na catedral*, de T. S. Eliot[*]: "A mais suprema das traições: fazer a coisa certa pela razão errada". Mesmo quando fazemos a coisa certa, nós a fazemos para neutralizar, e assim ocultar, a vilania de nossa verdadeira

---

[3] Podemos ver que a tríade ISR (Imaginário-Simbólico-Real) está em operação nessas três leituras do exemplo da transfusão: o procedimento do juiz é Imaginário (fornece uma mentira legitimada pelo bem-estar do outro); o segundo procedimento, que requer a verdade subjetiva, baseia-se no Simbólico; já o terceiro procedimento gera um tipo de conhecimento no Real.

[*] Ed. bras.: Rio de Janeiro, Opera Mundi, 1970. (N. E.)

natureza. É *essa* dialética do superego que os judeus conseguem evitar: *sua* obediência à Lei não é mediada pelo desejo reprimido de pecar, e é por isso que eles conseguem se prender à letra da Lei e, ainda assim, encontrar maneiras de realizar seu desejo sem sentimento de culpa. No entanto, essa dialética superegoica do desejo transgressor que engendra a culpa *não* é o horizonte supremo do cristianismo: como são Paulo deixa claro, a posição cristã, em sua forma mais radical, envolve precisamente a suspensão do círculo vicioso da Lei e seu desejo transgressor. Como resolvemos esse impasse?

# 15
# A RUPTURA

Nossa resposta é que a passagem do judaísmo para o cristianismo, em última instância, obedece à matriz da passagem do "masculino" para o "feminino" das fórmulas de sexuação. Esclareçamos esse processo a propósito da oposição entre a *jouissance* das pulsões e a *jouissance* do Outro, elaborada por Lacan em *O seminário 20: mais, ainda*; essa oposição também é sexualizada de acordo com a mesma matriz. De um lado, temos o circuito fechado das pulsões – solipsista, em última instância –, que encontra satisfação na atividade idiota (autoerótica) masturbatória, no círculo perverso ao redor do *objet petit a* como objeto da pulsão. De outro, há os sujeitos para os quais o acesso à *jouissance* está muito mais intimamente ligado ao domínio do discurso do Outro, ao modo como os sujeitos nem tanto falam, mas "são falados" – por exemplo, o prazer erótico depende do discurso sedutor do amante, da satisfação dada pela própria fala, e não do ato em sua estupidez. Esse contraste não explica a diferença há muito observada no modo como os dois sexos se relacionam com o sexo no ciberespaço? Os homens tendem muito mais a usar o ciberespaço como dispositivo masturbatório para suas brincadeiras solitárias, mergulhados no estúpido prazer repetitivo; já as mulheres tendem a participar mais de salas de bate-papo, usando o ciberespaço para interações sedutoras no discurso.

Não encontramos um caso claro dessa oposição entre a *jouissance* masturbatória/fálica masculina da pulsão e a *jouissance* feminina do Outro no filme *Ondas do destino*, de Lars von Trier? Paralítico e confinado numa cama de hospital, Jan diz à esposa, Bess, que ela deveria transar com outros homens e lhe descrever em detalhes suas experiências – assim ela manteria vivo nele o desejo pela vida, pois, embora ela realize fisicamente o ato com outros homens, o verdadeiro sexo acontece na conversa entre eles. A *jouissance* de Jan é claramente fálica/masturbatória: ele usa Bess para obter a tela fantasmática necessária para conseguir se dedicar à *jouissance* masturbatória solipsista, ao passo que Bess encontra a *jouissance* no nível do Outro (ordem simbólica), ou seja, nas palavras dela – para ela, a fonte suprema de satisfação não são os atos sexuais em si (ela os realiza de forma puramente mecânica, como um sacrifício necessário), mas o modo como ela os *relata* a Jan. Mais precisamente, a *jouissance* de Bess é a "do Outro" em mais de um sentido do termo: o gozo não só nas palavras, mas também (e esse é, em última análise, apenas mais um aspecto da coisa) no sentido da completa alienação – seu gozo é totalmente alienado/exteriorizado em Jan como seu Outro. Em outras palavras, o gozo consiste inteiramente na consciência de estar permitindo que o Outro goze. (Esse exemplo é crucial na medida em que nos permite prescindir do equívoco usual de Lacan de que a *jouissance féminine* é uma beatitude mística além da fala, livre da ordem simbólica – ao contrário, é a mulher que está imersa na ordem da fala *sem exceção*.)[1]

Então, de que modo isso nos permite lançar novas luzes sobre a tensão entre o judaísmo e o cristianismo? O primeiro paradoxo que devemos notar é que a dialética viciosa, elaborada por são Paulo, entre a Lei e sua transgressão é o terceiro termo invisível, o "mediador evanescente" entre a religião judaica e o cristianismo – seu espectro assombra ambas, embora nenhuma das duas posições religiosas ocupe realmente seu lugar. Por um lado, os judeus *ainda não* estão lá, ou seja, tratam a Lei como o Real escrito que não os envolve no círculo vicioso superegoico da culpa; por outro, como são Paulo deixa claro, a questão básica do cristianismo propriamente dito é justamente *romper* o círculo vicioso superegoico da Lei e sua transgressão por intermédio do Amor. Em seu seminário sobre a *Ética da psicanálise*, Lacan trata extensivamente da dialética paulina entre a Lei e sua transgressão – talvez devêssemos ler essa dialética paulina com seu corolário, *outra* passagem paradigmática de são Paulo, sobre o amor em 1 Coríntios 13:

> Ainda que eu falasse a língua dos homens e dos anjos, se eu não tivesse o amor, seria como um bronze que soa ou como um címbalo que tine. Ainda que eu tivesse o dom da profecia e compreendesse todos os mistérios e todo o conhecimento, ainda que tivesse toda a fé, a ponto de transportar montanhas, se não tivesse o amor, eu nada seria. Ainda que eu distribuísse todos os meus bens, ainda que entregasse meu corpo em adoração [tradução alternativa: para ser queimado], se não tivesse o amor, isso nada me adiantaria [...]. O amor não passa jamais. Quanto às profecias, desaparecerão. Quanto às línguas, cessarão. Quanto ao conhecimento, também desaparecerá. Pois só sabemos em parte e profetizamos em parte. Mas, quando vier o que é completo, o que é parcial desaparecerá. [...] Vemos em espelho e de maneira confusa, mas, depois, veremos face a face. Agora meu conhecimento é limitado, mas, depois, conhecerei como sou conhecido. Agora, portanto, permanecem fé, esperança, amor, essas três coisas. A maior delas, porém, é o amor.*

---

[1] Para uma leitura mais detalhada de *Ondas do destino*, ver Slavoj Žižek, "Death and the Maiden", em *The Žižek Reader* (Oxford, Blackwell, 1998).

* Colchetes de Slavoj Žižek. (N. E.)

É crucial aqui o lugar claramente paradoxal com respeito ao Todo (à série *completa* da ciência ou das profecias). Primeiro, são Paulo afirma que o amor existe ainda que tenhamos *todo* o conhecimento; depois, na segunda parte da passagem, ele afirma que o amor existe apenas para os seres *incompletos*, ou seja, seres que possuem conhecimento incompleto. Quando eu conhecer "como sou conhecido", ainda haverá amor? Embora "o amor não passe jamais", ao contrário do conhecimento, claramente é somente "agora" (enquanto ainda sou incompleto) que "permanecem fé, esperança, amor". A única saída desse impasse é interpretar as duas afirmações inconsistentes de acordo com as fórmulas lacanianas de sexuação *féminine*: mesmo quando é "todo" (completo, sem exceção), de certa forma o campo do conhecimento permanece não-todo, incompleto – o amor não é uma exceção ao Todo do conhecimento, mas precisamente aquele "nada" que torna incompleta até mesmo a série completa (ou o campo completo) do conhecimento. Em outras palavras, o importante da afirmação de que, mesmo que eu tivesse todo o conhecimento, sem amor eu não seria nada, não é simplesmente que *com* o amor eu sou "algo" – no amor, *eu também sou nada*, mas, por assim dizer, um Nada humildemente ciente de si mesmo, um Nada paradoxalmente tornado rico pela própria consciência de sua falta. Apenas um ser faltoso e vulnerável é capaz de amar; o mistério supremo do amor, portanto, é o fato de a incompletude ser, de certa forma, *superior à completude*. Por um lado, somente um ser imperfeito e faltoso ama; nós amamos porque *não* conhecemos tudo. Por outro, ainda que conhecêssemos tudo, inexplicavelmente o amor ainda seria superior ao conhecimento completo. Talvez o verdadeiro feito do cristianismo seja elevar um Ser amado (imperfeito) à posição de Deus – ou seja, da perfeição suprema. Desse modo, a extensiva discussão de Lacan a respeito do amor em *Mais, ainda* deveria ser lida no sentido paulino, em oposição à dialética entre a Lei e sua transgressão: essa segunda dialética é claramente "masculina"/fálica; ela envolve a tensão entre o Todo (Lei universal) e sua exceção constitutiva, ao passo que o amor é "feminino", envolve os paradoxos do não-Todo.

Consequentemente, há duas maneiras de subverter a Lei, a "masculina" e a "feminina". Podemos *violar/transgredir suas proibições* – essa é a transgressão inerente que sustenta a Lei, como os defensores da democracia liberal que secretamente (por intermédio da CIA) treinam terroristas assassinos para os regimes protofascistas na América Latina. Esse é o falso heroísmo de direita, que, em segredo, faz a "coisa necessária, porém suja", isto é, viola a ideologia dominante explícita (dos direitos humanos etc.) para preservar a ordem existente. Muito mais subversivo que isso é *simplesmente fazer o que é permitido*, ou seja, o que a ordem existente permite explicitamente, embora o proíba no nível das proibições verbais implícitas. Em suma – parafraseando o famoso comentário de Brecht sobre o que é o assalto a um banco se comparado à fundação de um novo banco –, como é branda a transgressão da Lei em comparação com o fato de *obedecê-la totalmente* – ou, como disse Kierkegaard de maneira única: "Não louvamos o filho que diz 'Não', mas nos esforçamos para aprender no Evangelho como é perigoso dizer 'Senhor, eu obedecerei'"[2]. Há exemplo melhor que o imortal "bom soldado Švejk", de Hašek, que causou uma tremenda destruição no Exército Imperial Austríaco simplesmente por obedecer às ordens de maneira literal demais? (Embora, estritamente falando, *exista* um exemplo melhor, ou seja, o "exemplo absoluto" [Hegel], o próprio Cristo. Quando Cristo diz que está aqui simplesmente para *cumprir* a Lei [judaica], ele atesta como esse ato efetivamente *anula* a Lei.)

O paradoxo básico da relação entre poder público e sua transgressão inerente é que *o sujeito está realmente "no" (preso na rede do) poder apenas e precisamente na medida em que não se identifica plenamente com ele, mas mantém uma espécie de distância*; por outro lado, o sistema (da Lei pública) é minado, na verdade, pela identificação sem reservas com ele. O conto "Rita Hayworth e a redenção de Shawshank", de Stephen King\*, enfrenta esse problema com o devido rigor a propósito dos paradoxos da vida na prisão. O clichê a respeito da vida na prisão é que, na verdade, estamos integrados nela, somos devastados por ela, e nossa acomodação é tão opressiva que não podemos mais suportar nem mesmo imaginar a liberdade, a vida fora da prisão, de modo que a libertação provoca um colapso psíquico ou, ao menos, suscita o desejo da segurança perdida da vida na prisão. A verdadeira dialética da vida na prisão, no entanto, é um pouco mais refinada. A prisão de fato nos destrói, exerce controle sobre nós, precisamente quando *não* consentimos totalmente com o fato de estarmos na prisão, mas mantemos uma espécie distância interna dela, presos à ilusão de que "a vida real está alhures", e devaneamos o tempo todo sobre a vida lá fora, sobre as coisas bacanas que estarão a nossa espera depois de nossa libertação ou nossa fuga. Com isso, ficamos presos ao círculo vicioso da fantasia, de modo que, quando enfim somos libertados, a disparidade grotesca entre fantasia e realidade nos derruba. Sendo assim, a única solução verdadeira é aceitar totalmente as regras da vida na prisão e, então, dentro do universo governado por essas regras, descobrir uma maneira de combatê-las. Em suma, a distância interna e o devaneio sobre a Vida Alhures nos acorrenta à prisão, ao passo que a plena aceitação do fato de que estamos realmente lá, presos às regras da prisão, abre um espaço para a verdadeira esperança.

Isso significa que, para nos libertarmos efetivamente dos grilhões da realidade social, deveríamos primeiro renunciar ao complemento fantasmático transgressor que nos prende a eles. Em que consiste essa renúncia? Em uma série de filmes (comerciais) recentes, encontramos o mesmo gesto radical. Em *Velocidade máxima* (1994), quando o herói (Keanu Reeves) enfrenta o chantagista que mantém seu parceiro sob a mira de uma arma, o herói não atira no chantagista, mas na perna *do próprio parceiro* – esse ato aparentemente sem sentido choca por um momento o chantagista, que

---

[2] Søren Kierkegaard, *Works of Love*, cit. p. 102.
\* *Quatro estações* (trad. Andréa Costa, Rio de Janeiro, Objetiva, 2001). (N. E.)

solta o refém e foge. Em *O preço de um resgate* (1996), quando o magnata da mídia (Mel Gibson) aparece na televisão para responder a um pedido de resgate de 2 milhões de dólares em troca de seu filho, ele surpreende a todos dizendo que oferecerá 2 milhões de dólares a quem lhe der qualquer informação sobre os sequestradores e anuncia que os perseguirá até o fim, com todos os seus recursos, caso eles não soltem seu filho imediatamente. Esse gesto radical não atordoa apenas os sequestradores – logo depois, o próprio Gibson tem um colapso nervoso, sabendo do risco que corria... Por último, o exemplo supremo: no *flashback* de *Os suspeitos* (1995), quando o misterioso Keyser Söze volta para casa e encontra a esposa e a filhinha sob a mira da arma de membros de um grupo rival, ele recorre ao gesto radical de atirar e matar a esposa e a filha – esse ato permite que ele persiga impiedosamente os membros da gangue rival, seus familiares e seus amigos, matando todos. Esses três gestos têm em comum o fato de que, numa situação de decisão forçada, o sujeito faz a escolha "louca" e impossível de *atirar em si próprio*, de certo modo, ou naquilo que lhe é mais precioso. Esse ato, em vez de levar a um caso de agressividade impotente, que se volta contra o próprio sujeito, muda as coordenadas da situação em que o sujeito se encontra: ao se libertar do objeto precioso que o mantém em xeque por estar nas mãos do inimigo, o sujeito ganha o espaço da ação livre. Esse gesto radical de "atirar em si próprio" não é o que constitui a subjetividade como tal?

Esse não foi o gesto de Abraão, obrigado por Deus a sacrificar Isaac, seu único filho, que era mais importante para ele do que ele mesmo? Nesse caso, é claro, um anjo interveio no último momento, detendo a mão de Abraão. (Seguindo a leitura cristã, poderíamos dizer que o crime efetivo era desnecessário, pois a única coisa que importava era a intenção, assim como aquele que comete pecado simplesmente por cobiçar a mulher do próximo.) Aqui, precisamente, podemos traçar a linha que separa o herói clássico do herói moderno: se Abraão fosse um herói moderno, não apareceria nenhum anjo no último momento e ele teria matado o próprio filho. Mais próximo de nossa época, esse gesto também não é o ponto crítico de *Moisés e o monoteísmo*, um dos últimos livros de Freud? Como ele reagiu à ameaça antissemita dos nazistas? Não se juntando às fileiras de judeus unidos em defesa de seu legado, mas mirando seu próprio povo, a parte mais preciosa do legado judeu, a figura fundadora de Moisés; ou seja, tentando livrar os judeus dessa figura, provando que Moisés não era judeu – dessa maneira, ele destruiu efetivamente a própria fundação inconsciente do antissemitismo. Além disso, o próprio Lacan não realiza o ato de "atirar em si próprio" em 1979, quando dissolve a Escola Freudiana de Paris, seu *agalma*, sua própria organização, o verdadeiro espaço de sua vida coletiva? Ele estava bem ciente de que somente esse ato de "autodestruição" poderia abrir caminho para um novo começo.

O fato de todos os exemplos citados se referirem a atos masculinos poderia levar à conclusão de que tal gesto é inerentemente masculino – em contraste com a propensão masculina de romper os elos, as mulheres continuam enraizadas em sua substância específica. E se a lição da psicanálise não for apenas que esse ato é neutro quanto ao gênero, mas que o oposto também é verdadeiro? E como uma mulher pode se subjetivar pelo ato de "atirar em si própria"? A primeira associação aqui, obviamente, é a questão padrão do feminismo: para tornar-se *sujeito*, a mulher tem de evitar o próprio núcleo de sua "feminidade", aquele misterioso *je ne sais quoi*, aquele algo "nela mais do que ela mesma", o tesouro secreto (*agalma*) que faz dela *objeto* do desejo masculino. No entanto, há outro ponto a ser observado aqui, talvez ainda mais radical. Ou seja, Lacan propôs como (uma das) definição(ões) da "verdadeira mulher" certo *ato* radical: o ato de retirar do homem, seu parceiro, de obliterar ou até mesmo destruir o que há "nele mais do que ele mesmo", o que "significa tudo para ele" e é mais importante para ele do que sua própria vida, o precioso *agalma* em volta do qual gira sua vida. Como figura exemplar desse ato na literatura, é claro, Lacan cita Medeia, que, ao descobrir que o marido, Jasão, planeja trocá-la por uma mulher mais jovem, mata os dois filhos, ou seja, aquilo que o marido tinha de mais precioso – é nesse ato horrível de destruir o que mais importa para o marido que ela age como *une vraie femme* [uma verdadeira mulher], como diz Lacan[3].

Talvez seja o momento, contra a bombástica celebração de Antígona, de reafirmar Medeia, sua contrapartida perturbadora e misteriosa, como sujeito de um *ato* autêntico – em uma tradição que se estende diretamente até *Amada*, de Toni Morrison\*, romance sobre o nascimento intoleravelmente doloroso da subjetividade afro-americana. Como se sabe, *Amada* trata do ato traumático desesperado da heroína, Sethe: depois de fugir da escravidão com os quatro filhos e desfrutar de um mês de tranquila recuperação ao lado da sogra, em Cincinnati, o cruel capataz

---

[3] Em sua versão de *Medeia* (ver "Waterfront Wasteland Medea Material Landscape with Argonauts", em *Theatremachine*, Londres, Faber & Faber, 1995), Heiner Müller reconhece em Medeia a figura máxima da vingança revolucionária excessiva contra os governantes opressores. Além disso, em sua única tentativa de pensar *juntas* a necessidade da violência revolucionária e a humanidade básica que exige que reconheçamos a dignidade dos mortos, ele propõe uma combinação/condensação fantasmática única de Medeia e Antígona: Medeia, que primeiro mata e desmembra o irmão (para que ela e Jasão possam fugir de seus perseguidores), depois – como faz Antígona com o próprio irmão – gentilmente o segura nos braços. Aqui temos a imagem do agente/executor que, depois de realizar o ato terrível em nome da Revolução, chama para si o fardo da culpa e gentilmente enterra o morto. (Outra figura paradoxal mülleriana é a de "Cristo, o Tigre" – o Cristo que primeiro mata o inimigo, depois gentilmente cuida dele.) O importante nesse caso é que, se a figura de Medeia deve ser reapropriada pela tradição radical, deveríamos manter e reinscrever o próprio ato que a torna tão intragável para a boa consciência humana: o assassinato impiedoso de seus próprios filhos (em contraste com a extraordinária *Medeia* de Christa Wolf, em que ela redime Medeia reinterpretando o assassinato do irmão e dos filhos como um boato malicioso, espalhado por inimigos bem postos na vida com o intuito de denegri-la).

\* Ed. bras.: trad. José Rubens Siqueira, São Paulo, Companhia das Letras, 2007. (N. E.)

da fazenda de onde ela fugira tenta capturá-la apelando para a Lei dos Escravos Fugitivos. Ao se ver nessa situação desesperada, sem perspectiva de escapar da escravidão, Sethe toma uma medida radical para poupar os filhos da servidão: ela degola a filha mais velha, tenta matar os dois filhos do meio e ameaça arrebentar os miolos da caçula – em suma, ela comete um *ato* medeiano, tentando matar o que lhe é mais precioso, sua prole[4]. Numa amostra ímpar de cruel ironia, essa asserção desesperada da liberdade é interpretada por professores brancos como prova de que, se os afro-americanos tivessem um pouquinho a mais de liberdade, eles retornariam à selvageria africana – como se um ato como esse não fosse totalmente impensável para os costumes das tribos africanas das quais descendiam os escravos.

As últimas reflexões de Sethe – aparentemente paradoxais – são cruciais para entendermos seu ato desesperado. Ela diz: "Ela teria morrido se eu não a tivesse matado, e eu não suportaria que isso acontecesse"[5]. Matar a própria filha era a única maneira de preservar um mínimo de dignidade em sua vida, ou – como a própria Morrison afirmou em uma entrevista a respeito de *Amada* – fazendo o que talvez pareça ser a pior das crueldades, que é matar os próprios filhos, "Sethe reivindica seu papel como mãe, afirmando a autonomia, a liberdade de que ela precisa para proteger os filhos e lhes dar alguma dignidade"[6]. Em resumo, em uma situação radical de escolha forçada, em que, por causa das relações de escravidão, os filhos de Sethe "não eram" de modo algum *seus*[7], a única maneira que ela tinha de agir efetivamente como mãe, de protegê-los e salvar a dignidade deles, era *matá-los*.

Esse caráter radical do ato de Sethe torna-se patente se o comparamos com o que talvez seja um de seus modelos literários, *A escolha de Sofia*, de William Styron*, em que a heroína, diante da escolha de salvar um dos filhos da câmara de gás e renunciar ao outro, cede à chantagem do oficial nazista e entrega a própria filha para salvar o filho mais novo – e o resultado previsível é que a culpa a persegue pelo resto da vida, levando-a ao suicídio anos depois.

Embora o ato traumático de Sethe também continue a assombrá-la durante décadas (a "Amada" do título do livro não é ninguém menos que o fantasma da filha assassinada, que se prende aos nervos da família como uma harpia implacável,

---

[4] Sabe-se que a comparação entre Sethe e Medeia foi feita por Stanley Crouch como característica problemática em seu "Aunt Medea" [Tia Medeia], uma análise negativa de *Amada*; a própria Morrison rejeitou a comparação, afirmando que Sethe "não fez o que Medeia fez, matar os filhos por causa de um cara qualquer" (citado em Carl Plasa, org., *Toni Morrison: Beloved*, Cambridge, Icon Books, 1998, p. 36, Icon Critical Guides). No entanto, somos tentados a dizer que a negação de Morrison se baseia numa leitura superficial do gesto de Medeia.

[5] Toni Morrison, *Beloved* (Nova York, Knopf, 1987), p. 217.

[6] Citado em Carl Plasa (org.), *Toni Morrison*, cit., p. 143.

[7] Idem.

* Ed. bras.: trad. Vera Neves Pedroso, São Paulo, Geração Editorial, 2010. (N. E.)

fazendo jogos emocionais e sexuais com todos), lidamos aqui com algo de natureza oposta a *A escolha de Sofia*: a culpa de Sofia resulta da atitude transigente de aceitar os termos da escolha impossível imposta pelo oficial nazista e escolher uma criança em detrimento de outra, ao passo que Sethe é assombrada porque *não* abriu mão de seu desejo, mas assumiu totalmente o ato traumático-impossível de "dar um tiro em si mesma", ou seja, de atirar naquilo que lhe era mais precioso. Somente no fim do romance o recolhimento da Amada representa a capacidade de Sethe de lidar com a monstruosidade propriamente *ética* de seu ato[8].

O ato de Sethe é um caso exemplar do ato ético propriamente *moderno* que, segundo Lacan, exibe a estrutura do que Freud chamou de gesto de *abstenção*\* [*Versagung*][9]. No ato tradicional (pré-moderno), o sujeito sacrifica tudo (todas as coisas "patológicas") pela Coisa-Causa que lhe importa mais do que a própria vida. Antígona, condenada à morte, enumera todas as coisas que ela *não* poderá experimentar por causa de sua morte prematura (casamento, filhos etc.) — essa é a "má infinitude" que sacrificamos pela Exceção (a Coisa pela qual agimos e, precisamente, *não* é sacrificada). Aqui a estrutura é a do Sublime kantiano: a infinitude opressiva dos objetos empíricos/patológicos sacrificados esclarece negativamente a dimensão enorme e incompreensível da Coisa pela qual o sujeito os sacrifica. Assim, Antígona é sublime na triste enumeração daquilo que ela está sacrificando — a lista, em sua enormidade, indica os contornos transcendentes da Coisa à qual ela mantém sua fidelidade incondicional. É necessário acrescentar que *essa* Antígona é uma fantasia *masculina por excelência?*

Na constelação ética moderna, ao contrário, *suspendemos essa exceção da Coisa*; atestamos nossa fidelidade à Coisa ao *sacrificarmos (também) a própria Coisa* (da

---

[8] No nível da técnica narrativa, a monstruosidade do ato é simbolizada pelo fato de que o texto o aborda gradualmente: Sethe, com a filha assassinada, é descrita primeiro pela perspectiva dos capitães de mato (que veem no homicídio a prova definitiva da barbaridade de Sethe) e, depois, da perspectiva de outras testemunhas afro-americanas (Baby Suggs, Stamp Paid); e, mesmo quando finalmente a história do infanticídio é contada pela própria Sethe, ela acha difícil comunicar — sabendo que será mal compreendida — que seu ato não é algo que pode ser integrado no "conhecimento comum", que é monstruoso demais para ser narrado como um evento mítico heroico. Além disso, como sugeriu Sally Keenan (ver Carl Plasa, org., *Toni Morrison*, cit., p. 129), o mesmo encontro atrasado com o trauma está em ação no fato de que só recentemente se tornou possível contar histórias desse tipo: foi a repercussão política e emocional do tema do aborto que finalmente possibilitou o pano de fundo próprio para isso — com a virada adicional, é claro, de que o infanticídio em *Amada* subverte a oposição-padrão entre os direitos da mãe e os direitos do feto, a oposição que fornece as coordenadas para os debates sobre o aborto. Em *Amada*, o infanticídio é paradoxalmente justificado pelos direitos da própria criança.

\* *Abstaining*, no original. O termo freudiano *Versagung* costuma ser traduzido por "*frustration*" em inglês e "frustração" em português, embora com ressalvas. (N. T.)

[9] Baseio-me aqui em uma conversa com Alenka Zupančič.

mesma maneira, Kierkegaard intima o verdadeiro cristão a odiar por amor o próprio ser amado). Não seria esta a insuportável dificuldade do ato de Sethe: ela matou os filhos *por fidelidade a eles*, e não como um ato "primitivo" de sacrifício brutal a um obscuro deus superegoico? Sem essa suspensão, não há ato ético propriamente dito[10]. Então, quando dizemos que o ato ético "como tal" tem a estrutura da subjetividade feminina e, além disso, que o sujeito "como tal" é no fundo feminino, isso *não* implica o velho clichê dos homens que estão envolvidos em lutas pelo poder político enquanto as mulheres são inerentemente ético-apolíticas (como na leitura equivocada comum de Antígona como defensora dos valores ético-familiares contra as manipulações políticas masculinas); essa própria elevação da Mulher à protetora da Ética pura, dispensada das lutas masculinas pelo poder – que, como tal, refreia essas lutas, evita que explodam na busca ilimitada pelo poder que viola toda deliberação humana –, é masculina em sua lógica inerente. Em contraste com essa universalidade ("masculina") da luta pelo poder, que se baseia na figura ética da Mulher como exceção inerente, o ato ético ("feminino") propriamente dito envolve justamente a *suspensão* dessa exceção; ele acontece na *interseção* de ética e política, no estranho domínio em que a ética é "politizada" em sua natureza mais íntima, uma questão de decisões radicalmente contingentes, um gesto que não pode mais ser explicado nos termos da fidelidade a uma Causa preexistente, pois ele redefine os próprios termos dessa Causa.

Em suma, as duas maneiras opostas de interpretar a relação entre ética e política correspondem perfeitamente à oposição entre as "fórmulas de sexuação" femininas e masculinas de Lacan: a própria elevação da posição feminina a uma posição ética apolítica, salvaguardando dos excessos criminosos o mundo masculino da política de força, é inerentemente *masculina*, ao passo que o ato ético "feminino" envolve precisamente a suspensão desse limite – ou seja, ele tem a estrutura de uma decisão *política*[11]. Sim, o que torna o ato de Sethe tão monstruoso é a "suspensão da ética" envolvida nele, e essa suspensão *é* "política" no sentido preciso de um gesto excessivo abissal que não pode mais ser fundamentado nas "deliberações humanas comuns". Em sua leitura de *Antígona*, Lacan enfatiza que, depois de ser expulsa da

---

[10] Para uma análise mais detalhada dessa estrutura de *Versagung*, ver o capítulo 2 de Slavoj Žižek, *The Indivisible Remainder*, cit.

[11] A propósito, essa estrutura de *Versagung* também fornece uma resposta à pergunta ingênua, porém necessária: "O que *aprendemos* com as peças de aprendizagem de Brecht?". Aprendemos a arte da *Versagung*. É por isso que aqueles intérpretes de Brecht que dizem que é errado se concentrar no ato final de autossacrifício, escolhido à força pelo jovem ator/pessoa em *Der Jasager* [Aquele que diz sim] ou *Der Jasager* [A decisão], passam ao largo do problema. Eles afirmam que, com isso, negligenciamos a própria função didática dessas peças e as reinscrevemos na dramaturgia *trágica* padrão. *Versagung*, no entanto, é um gesto de auto-obliteração tal que vai além da noção-padrão do que é "trágico".

comunidade, a protagonista entra no domínio da *Áte*, do horror indizível de estar "entre duas mortes", viva, porém excluída da comunidade simbólica. O mesmo não seria válido para Sethe? A própria Morrison, em uma entrevista, afirmou:

> Ela cruzou a linha, por assim dizer. É compreensível, mas é excessivo. É a isso que o povo de Cincinnati reage, não a seu pesar, mas a sua arrogância. [...] Eles a abandonam por causa daquilo que sentiram que era orgulho. A afirmação dela sobre o que é importante para si condena de certa forma o que eles acham que é importante para eles. Eles também tiveram perdas. Em sua relutância em pedir desculpas ou se curvar, [...] o que eles sabem é que ela mataria mais uma vez a filha. É isso que a separa do resto da comunidade.[12]

Em suma, o que torna Sethe tão monstruosa não é o ato como tal, mas o fato de recusar-se a "relativizá-lo", a livrar-se da responsabilidade, a reconhecer que agiu por um acesso imperdoável de desespero ou loucura – em vez de abrir mão de seu desejo, distanciando-se do ato, qualificando-o como "patológico" (no sentido kantiano do termo), ela insiste na condição radicalmente ética de seu ato monstruoso.

Um exemplo adequado desse mesmo gesto na vida política atual não seria o modo como os sérvios se relacionam com o Kosovo, como seu precioso objeto-tesouro, como o berço de sua civilização, como aquilo que é mais importante para eles do que qualquer outra coisa e a que nunca serão capazes de renunciar? Nisto reside o limite final da grande maioria da chamada "oposição democrática" ao regime de Milošević: eles endossam incondicionalmente a agenda antialbanesa de Milošević, chegando a acusá-lo de fazer concessões ao Ocidente e "trair" os interesses sérvios no Kosovo. Por essa razão, o *sine qua non* de um ato autêntico na Sérvia, hoje, seria precisamente *renunciar* à reivindicação do Kosovo, sacrificar o apego substancial ao objeto privilegiado. (O que temos aqui, portanto, é um caso nítido da dialética política da democracia: embora a democracia devesse ser o objetivo da atividade política na Sérvia hoje, qualquer defesa da democracia que não renuncie explicitamente às reivindicações nacionalistas no Kosovo está fadada ao fracasso – *a questão a propósito da qual será decidida a luta pela democracia é a do Kosovo*.)

Para irmos até o fim, o exemplo supremo do gesto de "atirar em si próprio", de renunciar ao que é mais importante, não seria dado mais uma vez pelo próprio cristianismo, isto é, pela crucificação? Como frisou Hegel, é um grande equívoco reduzir a morte de Cristo a um gesto sacrificial na interação entre Deus e os homens – afirmar que, ao sacrificar o que é mais importante para Ele, Seu próprio filho, Deus redime a humanidade, expiando seus pecados. Se adotarmos essa posição tradicional, surge de imediato a questão: *para quem* – para que autoridade acima Dele – Deus é forçado a sacrificar seu filho? Ou se trata de uma brincadeira perversa

---

[12] Citado em Carl Plasa (org.), *Toni Morrison*, cit., p. 34.

Consigo mesmo e, consequentemente, com os seres humanos? Então, quando a Bíblia proclama que Deus sacrificou Seu filho primogênito para redimir a humanidade de seus pecados, há pelo menos duas maneiras de explicar esse ato estranho[13]:

- Deus, como ser onipotente, é um sujeito *perverso*, que executa jogos obscenos com a humanidade e Seu próprio filho: Ele cria o sofrimento, o pecado e a imperfeição, de modo que possa intervir e resolver a bagunça que criou, assegurando para Si próprio a gratidão eterna da raça humana;

- Deus não é onipotente; Ele é como um herói trágico grego subordinado a um Destino superior: Seu ato de criação, como o ato fatídico do herói grego, tem consequências terríveis e indesejadas, e a única maneira que Ele tem de restabelecer o equilíbrio da Justiça é sacrificar o que Lhe é mais precioso, Seu próprio filho. Nesse sentido, o próprio Deus é o Abraão supremo.

A leitura tradicional, portanto, oblitera o mistério supremo da Crucificação: a Crucificação, a morte do filho de Deus, é um acontecimento *feliz*, no qual a própria estrutura do sacrifício, por assim dizer, suprassume a si mesma, dando origem a um novo sujeito que não está mais enraizado em uma substância particular, um sujeito livre de todos os vínculos particulares (o "Espírito Santo"). A partir desse exemplo supremo, também deveria estar claro que a necessidade de renúncia inerente à noção do ato não indica de modo nenhum que toda imaginação utópica está presa na armadilha da transgressão inerente: quando abandonamos a alteridade fantasmática que torna suportável a vida na limitada realidade social, temos um vislumbre de Outro Espaço que não pode mais ser descartado como complemento fantasmático da realidade social.

O dueto de *As bodas de Fígaro* em *Um sonho de liberdade* (adaptação para o cinema de "Rita Hayworth e a redenção de Shawshank", de Stephen King) é um caso exemplar do efeito do sublime que se baseia no contraste entre a pobreza e o horror da vida real e a súbita intrusão desse Outro Espaço. O negro condenado (Morgan Freeman), cujo comentário ouvimos, diz que não sabe o que as duas moças estão cantando, e talvez seja melhor não saber, mas todos os homens que as ouviram foram, por um breve momento, livres... O que temos aqui é o efeito do sublime em sua forma mais pura: a suspensão momentânea de significado que eleva o sujeito a outra dimensão, na qual o terror da prisão não tem nenhum poder sobre ele. É extremamente significativo que o dueto seja de Mozart (por sinal, um dueto bastante

---

[13] Se, é claro, tomarmos essa declaração pelo que vale, se descartarmos a leitura gnóstica padrão segundo a qual o Deus que criou o mundo era um imbecil semi-impotente, ligeiramente sádico, que fez um trabalho grosseiro de criação, construindo um universo imperfeito e cheio de sofrimento, consequentemente, Cristo morreu para pagar não só pelos pecados da humanidade, mas pelos pecados do Pai, o próprio Criador.

frívolo: faz parte do Ato III, em que a Condessa dita a Suzana a carta que servirá de armadilha para pegar o marido infiel) – podemos imaginar um contraste mais nítido do que entre a vida em uma prisão norte-americana em meados do século XX e o universo aristocrata das intrigas amorosas do fim do século XVIII? Sendo assim, o verdadeiro contraste não é apenas entre o horror da prisão e a música "divina" de Mozart, mas, dentro da própria música, entre a dimensão sublime da obra e o caráter frívolo de seu conteúdo. Mais precisamente, o que torna a cena sublime é que os pobres presos, sem ter conhecimento desse conteúdo frívolo, percebem diretamente a beleza sublime da música. Em outras palavras, se ouvíssemos uma peça claramente "sublime" (como o quarto movimento da "Nona Sinfonia" de Beethoven), o efeito sem dúvida seria patético e extremamente vulgar.

As últimas palavras do moribundo Tristão na ópera de Wagner são: "O quê? *É a luz o que ouço?*". Esse curto-circuito paradoxal entre os dois sentidos é o que acontece com os presos na cena citada: ao escutar à ária de Mozart, eles também *ouvem a luz* – uma Utopia propriamente revolucionária sempre envolve esse curto-circuito, em oposição ao chamado reacionário obsceno do superego, no qual, na figura do Líder, nós *vemos a voz*. Deve estar claro, portanto, que a noção-padrão de beleza artística como fuga falsa e utópica das restrições da realidade é insuficiente; devemos distinguir entre escapismo ordinário e essa dimensão da Alteridade, esse momento mágico em que *o Absoluto aparece* em toda a sua fragilidade – o homem que põe o disco para tocar na prisão (Tim Robbins) é precisamente aquele que rejeita todo sonho de fugir da prisão, da vida lá fora[14]... Ao ouvir a ária de *Fígaro*, os presos se tornam um fantasma – não o fantasma obsceno ressuscitado do passado, tampouco o fantasma espectral do presente capitalista, mas a breve aparição de uma Alteridade Utópica futura, à qual toda postura revolucionária autêntica deveria se agarrar.

Isso nos leva de volta a nosso ponto de partida: a terceira modalidade dos fantasmas é o próprio Espírito Santo, a comunidade de fiéis *enquanto* proscritos "desacoplados" da ordem social – tendo idealmente, como suas duas formas principais, os coletivos políticos revolucionários e os psicanalíticos autênticos. E se costuma existir algo de monstruoso no encontro com esses fantasmas (já que, como aprendemos com Rilke, a beleza é o último véu que envolve o Monstruoso) – se, depois desses encontros, *parece na verdade que vimos um fantasma* –, devemos nos lembrar do famoso lema de Heiner Müller: "A primeira aparição do novo é o temor".

---

[14] A principal dimensão da história de Stephen King na qual se baseia o filme é indicada pelo título: "Rita Hayworth e a redenção de Shawshank". A trama aparentemente ridícula (durante anos o herói cava um buraco na parede – o túnel para sua fuga – atrás de um pôster de Rita Hayworth e outras estrelas mais recentes do cinema) não nos dá a matriz mínima do sublime: uma imagem da beleza (o pôster da *pin-up*) serve como a tela que esconde o *buraco*, a lacuna, que abre a passagem para a liberdade, para fora do universo da prisão?

# Posfácio à edição brasileira
# Por uma teoria crítica da alteridade

*Paulo Gajanigo*

Talvez o leitor brasileiro não se surpreenda mais com a amplitude de temas e questões levantados por Slavoj Žižek. Assim, em vez de exaltar a capacidade do filósofo de transitar entre assuntos distantes em poucas linhas, talvez seja mais interessante avaliar suas contribuições para cada campo do saber que contaminou. A tarefa da interpretação, nesse caso, passaria do trânsito veloz e hábil entre debates distantes demais (principalmente para nossa formação cada vez mais especializada) a um trabalho de garimpo, coletando em seus textos citações sobre temas específicos.

Num primeiro momento, o conjunto da obra de Žižek pode provocar percepções ambíguas, paraláticas. Ora parece falar sempre da mesma coisa, falando de muitas coisas, ora parece falar muitas coisas, falando a mesma coisa. Tal como Philip Glass, Žižek quase se resume a um procedimento intelectual. Se certa monotonia nos atinge quando ouvimos o conjunto da obra de Glass, todo o interesse se volta para as pequenas variações, que só se tornam perceptíveis com a exaustão, com a aparente repetição do procedimento minimalista. Da mesma forma, é possível identificar movimentos suaves e mudanças de interesse em Žižek.

A evidente temática religiosa deste livro está subordinada a outra questão. *O absoluto frágil* (2000), *Tarrying with the Negative* (1993) e *The Ticklish Subject* (1999)* são livros que tomam como problema fundamental a proposta política do multiculturalismo (colocada em questão, para Žižek, a partir dos intensos conflitos nos Bálcãs nesse período). Encontraremos críticas ao multiculturalismo em boa parte de sua obra, mas é nesses textos que tal temática orienta seu rumo, fazendo-o aprofundar-se nas dinâmicas identitárias, de forma que é possível, para nós, coletar elementos para outra visão das identidades.

---

* Ed. bras.: *O sujeito incômodo* (trad. Luigi Barichello, São Paulo, Boitempo, no prelo). (N. E.)

Trata-se de um material precioso, já que a esquerda pouco avançou teoricamente nessa questão. O termo "identidade" tornou-se um dos mais populares nas ciências sociais, e seu uso parecia afastar cada vez mais uma teoria social crítica. O espetáculo das identidades, da diversidade cultural de uma sociedade multicultural imaginada, exigia uma crítica à altura. Žižek, com essas obras, oferece uma crítica por dentro (como gosta de fazer). Ou seja, não critica a proposta multiculturalista pela reafirmação da classe ou da economia, mas busca, na base dessa proposta, uma teoria da alteridade que possa, ao mesmo tempo que afirma a importância da dinâmica identitária, sair do impasse multiculturalista.

Lacan tem papel central aqui, pois oferece a Žižek o desenho da dinâmica da formação da identidade e da inevitável e primária relação com o outro. O erro multiculturalista estaria em planejar a alteridade como soma de inofensivos. A política multiculturalista cuidaria de aparar arestas culturais e criar um clima de boa convivência entre diferentes. Essa abordagem geraria um paradoxo: ao atuar na esterilização cultural, toma os elementos culturais, os modos de vida, como reformáveis, manipuláveis; ao mesmo tempo, ao valorizar as diferenças, reafirma a irredutibilidade dos traços culturais. Dessa forma, a sociedade multicultural existe apenas como imagem mediadora de políticas. Na prática, o que ocorre é a oscilação constante entre a tolerância e a intolerância cultural: aceita-se o outro na medida em que não atinja certos valores que seriam básicos, mas que na verdade são culturalmente específicos. Quando se atravessa essa linha, a diferença passa a ser ameaçadora e condenável. Assume-se, então, uma postura de intolerância, ou seja, aceita-se o outro na medida em que não seja outro. Oscila-se entre a imagem da diferença como riqueza cultural e a da diferença como pesadelo social.

Žižek não faz sua crítica para redefinir um chão comum de convivência cultural mais eficaz e apaziguador, mas para revelar a impossibilidade de definir fundamentos básicos sem o engajamento do outro, ou seja, sem de fato haver uma relação com o outro. Para tanto, o outro não deve ser considerado nem vítima nem algoz – duas caracterizações que resumem a visão autoritária sobre o outro e que são rotineiras nos jornais. Žižek cita o conflito nos Bálcãs para mostrar o limite dessa política, na qual a solidariedade da Organização do Tratado do Atlântico Norte (Otan) só existia enquanto o outro aparecia como vítima, mas não quando essas vítimas decidiam lutar por conta própria.

As possibilidades de solidariedade fazem parte da própria constituição da identidade. O outro não serve apenas como delimitador de minha identidade na função de contraste, isto é, como elemento comparativo e antagônico para a definição do que me distingue dele. Essa perspectiva, muito viva na antropologia social, acaba renovando ainda a ideia de um sujeito que existe antes do encontro com o outro. Lacan afirma que a identidade do eu é formada, num momento específico da criança, na relação com o outro¹. É olhando para o espelho, ou para o outro, que a criança, pela primeira vez, unifica seu corpo e dá materialidade para seu eu. Esse processo funda uma alteridade na qual o eu passa a buscar no outro aquilo que lhe é semelhante. Como resultado, divide-se a relação entre aquilo em que se assemelham e aquilo que resta de incompreensível, de não assimilado. Essa sobra aparece ao eu como um enigma, o enigma do gozo do outro. Tal enigma, na verdade, diz respeito àquilo que em mim mesmo me falta. Por isso o gozo do outro se torna tão importante, atraente e agressivo.

O que Žižek pode afirmar, com Lacan, é que o outro não pode nem ser totalmente assimilado nem ser considerado um estranho absoluto, pois "aquilo que faz com que o Outro seja de difícil acesso, em primeiro lugar, é o fato de que ele ou ela nunca é completo, nunca é determinado por um contexto, mas sempre em alguma medida 'aberto' e 'fluinte'"². Portanto, o problema identitário está no fato de que nem o contraste com o outro fixa minha identidade.

É preciso pensar, portanto, numa maneira de lidar com esse outro que reconheça uma conexão que não se dá pela semelhança nem pela diferença. O estudo sobre as religiões, nesse caso, serve a este propósito: identificar formas de relação com o outro. "Pelo trabalho cristão do amor compassivo é que percebemos naquilo que era até então um corpo estranho e importuno, tolerado e até moderadamente suportado, de modo que não nos importunava muito, um sujeito com sonhos e desejos destroçados."³ O trabalho do amor seria capaz de achar aquilo que nem o próprio outro sabe. Por isso o Absoluto é frágil, não está na solidez nem na força de um povo, mas nos pequenos detalhes, "no sorriso caloroso e afetuoso de uma pessoa que, em condições normais, pareceria feia e rude"⁴.

Em vez de se relacionar de forma exterior com a religião – tolerando aqueles que creem como se sua crença fosse estranha a nós –, Žižek prefere levar a crença a sério e cobrar dos crentes a responsabilidade sobre aquilo em que creem⁵. Nesse sentido, o legado cristão pode ser reivindicado e debatido. Žižek tem, de fato, intervindo nas interpretações do cristianismo – além de seus livros, recentemente debateu com o teólogo John Milbank⁶.

Aos leitores não cristãos, *O absoluto frágil* pode ajudar a pensar o cristianismo em um momento em que a Igreja católica volta à cena política diretamente. O

---

1  Jacques Lacan. "El estadio del espejo como formador de la función del yo (je) tal como se nos revela en la experiencia psicoanalítica", em *Escritos* (Cidade do México, Siglo XXI, 1984).
2  Terry Eagleton, *A ideia de cultura* (São Paulo, Editora da Unesp, 2005), p. 139.
3  Ver p. 127 deste volume.
4  Ver p. 126 deste volume.
5  Ver Slavoj Žižek, "Atheism is a Legacy Worth Fighting for", *The New York Times*, 13 mar. 2006.
6  Creston Davis (org.), *The Monstrosity of Christ: Paradox or Dialectic?* (Cambridge, MIT Press, 2011).

vocabulário cristão reaparece nos jornais por meio da carismática figura papal. No Brasil, o neopentecostalismo ocupa cada vez mais espaço na disputa política. A proposta de Žižek é que não caiamos na armadilha multiculturalista: tolerar a religião de todos e ao mesmo tempo exigir que a crença se restrinja à vida privada. O resultado seria a exigência de uma crença "descafeinada", e, em nossa sociedade, é esse próprio cenário que incita à adesão religiosa fundamentalista.

> A sociedade reflexiva pós-moderna de hoje, à primeira vista hedonista e permissiva, paradoxalmente está cada vez mais saturada de regras e regulações que supostamente promovem nosso bem-estar (restrições ao fumo e à alimentação, regras contra o assédio sexual etc.), de modo que a referência a uma identificação étnica apaixonada, longe de nos restringir ainda mais, funciona como um grito de libertação: "Você pode!" – você pode violar (não o Decálogo, mas) as rígidas regras da coexistência pacífica em uma tolerante sociedade liberal; você pode comer e beber o que quiser, aderir aos costumes patriarcais proibidos pelo politicamente correto e até mesmo odiar, brigar, matar, estuprar...[7]

Essa não é uma boa descrição para nossos conflitos atuais? Uma aliança pela diversidade dos modos de vida e expressões culturais e a reação agressiva pela chamada família tradicional? O politicamente correto sendo visto como limitador da liberdade individual, num giro surpreendente, pelo qual quem defende a diversidade é acusado de impedir certa crença?

A gramática do multiculturalismo tem sido apropriada não só pelos movimentos sociais e grupos referenciados na esquerda, mas também pelos grupos religiosos conservadores. Não é raro ouvir os pastores evangélicos brasileiros Silas Malafaia e Marco Feliciano falarem de tolerância. Nem ver grupos religiosos reivindicarem políticas públicas pela diversidade cultural:

> Esse é o argumento acionado por alguns setores: de que haveria uma "cultura evangélica" [...]. É o que aparece, por exemplo, nos textos de reivindicação de recursos públicos para o financiamento da Marcha [para Jesus], prevista em uma série de leis nacionais e municipais que reconhecem o "gospel" como cultura, como "manifestação cultural nacional", merecedora do fomento público.[8]

Há vinte ou trinta anos, quando o debate sobre o multiculturalismo era central em países da Europa e da América do Norte, no Brasil ele parecia apenas uma moda intelectual desconectada das ruas. O universo das bandeiras específicas na política não parecia próximo. Aqui, as questões raciais e de gênero se fortaleciam, mas giravam em torno de um centro político articulador, especialmente por meio

---

[7] Ver p. 130 deste volume.
[8] Raquel Sant'Ana, "O som da Marcha: evangélicos e espaço público na Marcha para Jesus", *Religião e Sociedade*, Rio de Janeiro, v. 34, n. 2, 2014, p. 222.

do Partido dos Trabalhadores (PT). Parece que, hoje, todo esse debate começa a fazer sentido. Vemos a gramática multiculturalista não só em palestras universitárias, mas também nas ruas e nas instituições, nas reivindicações populares e nos editais públicos.

Nesse novo contexto, fica a impressão de que o Brasil está dividido entre os modernos, tolerantes, que sabem que religião e política não se misturam, e os intolerantes, religiosos fundamentalistas, que acreditam profundamente em suas crenças. A reflexão de Žižek pode nos ajudar a pensar em como sair desse impasse. Esse "nós" e "eles" é mediado por fantasias. A fantasia de que "eles" acreditam na crença e "nós" não, e a fantasia de que "nós" nos entregamos ao gozo e "eles" não. E se eles não acreditam tanto assim? E se nós também não somos tão livres assim? E se nem eles nem nós existimos como grupo sólido? A solidariedade poderia surgir no contato, na troca de olhares, nos afetos?

Žižek, neste livro, parece propor uma ética orientada para o efêmero e o amor cristão como forma de romper com essa alteridade. Algumas situações me fazem pensar nas possibilidades dessa atitude: os elogios que muitos ateus têm feito ao papa Francisco, na verdade, até cativados por suas ações; cartazes de cristãos na Parada do Orgulho Gay que diziam "Jesus cura a homofobia" ou "Desculpem-nos pela forma como a Igreja trata vocês"; ou a crucificação de uma transexual que tentou comunicar seu sofrimento – ainda que muitos cristãos tenham se sentido ofendidos, lembro-me da reação da Arquidiocese de São Paulo, pedindo compreensão aos fiéis, pois ela pretendia mostrar que sofria tal como Jesus sofreu. Ao lado da luta pelo Estado laico, será que pode haver espaço para um debate aberto sobre crenças?

*Setembro de 2015*

# ÍNDICE ONOMÁSTICO

Abraão, 13-6, 18, 143, 149
Adorno, Theodor, 38-9, 72, 107
Antígona, 59, 144, 146-8

Badiou, Alain, 27
Balibar, Étienne, 32
Beck, Ulrich, 31, 68
Benigni, Roberto, 81-2, 84
Benjamin, Walter, 94
Bentham, Jeremy, 64
Blair, Tony, 72, 131
Brecht, Bertolt, 141, 147
Brekker, Arno, 51
Buda, 119, 123
Butler, Judith, 77, 98, 100, 105-6

Ceaușescu, Nicolae, 31
Claudel, Paul, 59
Clinton, Bill, 67, 72, 131
Courbet, Gustave, 53-5
Croce, Benedetto, 107

D'Alema, Massimo, 72
Davidson, Donald, 115, 118
Dennett, Daniel C., 90, 133

Derrida, Jacques, 61-2
Diaz, Cameron, 75
Diderot, Denis, 60-1
Duchamp, Marcel, 51
Ducrot, Oswald, 135
Dürer, Albrecht, 53

Eliot, T. S., 137
Engels, Friedrich, 36
Erlanger, Steven, 69
Everett, Rupert, 75

Fellini, Federico, 93
Fitzgerald, F. Scott, 53-4
Foucault, Michel, 95, 101
Francisco de Assis, são, 124
Freeman, Morgan, 149
Freud, Sigmund, 11-2, 15, 19, 30, 44, 74, 86, 91, 101, 123-4, 143, 146
Fukuyama, Francis, 34

Gibson, Mel, 143
Giddens, Anthony, 31
Girard, René, 73
Gould, Stephen Jay, 118

Gray, John, 109

Hacking, Ian, 74
Hašek, Jaroslav, 42
Havel, Václav, 68
Hegel, Georg W. F., 11-2, 17-8, 48-9, 59-62, 65, 73, 88, 104-5, 107, 142, 148
Heidegger, Martin, 38-9, 84-9, 92-3, 98
Highsmith, Patricia, 70
Hitchcock, Alfred, 41, 103, 117
Hitler, Adolf, 129
Hoeg, Peter, 75
Hopper, Edward, 51
Horkheimer, Max, 38-9

Jesus Cristo, 13, 73,
Jospin, Lionel, 71
Jung, Carl Gustav, 101
Jünger, Ernst, 83

Kant, Immanuel, 97, 100, 117, 130-1
Kierkegaard, Søren, 125-6, 141-2, 147
Kieślowski, Krzysztof, 103-5
Kim Jong-il, 52-3
King, Stephen, 142, 149-50
Krips, Henry, 40
Kris, Ernst, 44
Kusturica, Emir, 30-1

Lacan, Jacques, 14, 17, 21, 24-5, 44, 46, 48--50, 52-3, 57, 59, 62, 74, 86-7, 90-1, 95, 105-6, 111, 113, 115-8, 126, 130, 134-5, 139-41, 143-4, 146-7
Laclau, Ernesto, 98, 106, 123
Lafontaine, Oskar, 71
Le Pen, Jean-Marie, 31
Leibniz, Gottfried Wilhelm, 64
Lenin, Vladimir Ilitch, 27-8
Lévi-Strauss, Claude, 64

Lucas, George, 31, 120
Lucas, são, 119-20

Malevich, Kazimir, 50-1, 55
Mallarmé, Stéphane, 50
Marx, irmãos, 64
Marx, Karl, 28, 36-41, 57, 60, 68, 90, 95
Medeia, 144-5
Miller, Jacques-Alain, 43, 57, 59, 117, 135
Milošević, Slobodan, 131, 148
Morrison, Toni, 144-5, 148
Mozart, Wolfgang Amadeus, 149-50
Müller, Heiner, 58, 144, 150

Napoleão Bonaparte, 60, 62
Napoleão III, 60
Nedoshivin, G., 51
Nietzsche, Friedrich, 25, 28, 44, 85

Orwell, George, 69

Paulo, são, 16-7, 27-8, 102, 113, 120, 124-5, 132, 138, 140-1

Reeves, Keanu, 142
Richardson, William, 86
Rilke, Rainer Maria, 150
Robbins, Tim, 112, 150
Roberts, Julia, 75
Ruggerio, Renato, 68
Rugova, Ibrahim, 70

Sallis, John, 84-6
Santner, Eric, 11, 73-4, 101
Schelling, Friedrich W. J. von, 80-1, 84, 87, 91, 93, 97-8, 104, 107, 121
Schroeder, Gerhard, 71-2
Shakespeare, William, 24
Siodmak, Robert, 76

Spinoza, Baruch, 21
Stahr, Monroe, 74
Styron, William, 145

Tarkovsky, Andrei, 58
Tijanić, Aleksandar, 131
Trier, Lars von, 139
Tudjman, Franjo, 65

Vinterberg, Thomas, 81-2

Wagner, Richard, 118, 150
Wajcman, Gérard, 50
Warhol, Andy, 56
Wilkomirski, Binjamin, 82
Winfrey, Oprah, 109

Publicada quinhentos anos após o Quinto Concílio de Latrão, que decretava a proibição de imprimir e possuir livros considerados heréticos pelas autoridades da Igreja Católica, esta edição foi composta em Adobe Garamond Pro, corpo 11/13,2, e impressa livremente, para posse e leitura de todos que por ela se interessarem, em papel Avena 80g/m², pela gráfica Rettec, em outubro de 2015, com tiragem de 4 mil exemplares.